W0094376

Brigitte und Frank Hansen
Gudrun Lahme

**Das Ende
war der Anfang**

Ein Mutmachbuch
für Eltern von Kindern,
die Drogen nehmen

mitgefangen	M	Mut
unterdrückt	U	unverzagt
Teufelskreis	T	tapfer
misstrauisch	M	machbar
aufgegeben	A	angepackt
Chaos	C	Charakter
hoffnungslos	H	Halt
betroffen	B	bewältigt
überlastet	Ü	überlegt
chronisch	C	Chance
hilflos	H	Hilfe
erlitten	E	Erlösung
rastlos	R	Ruhe

Brigitte und Frank Hansen
Gudrun Lahme

Das Ende war der Anfang

Ein Mutmachbuch
für Eltern von Kindern,
die Drogen nehmen

Blaukreuz-Verlag Deutschland
Blaukreuz-Verlag Schweiz

Impressum

© 2010 Blaukreuz-Verlag, D-58513 Lüdenscheid, 2. Auflage 2014
www.blaukreuz-verlag.de
Lektorat: Gudrun Lahme
Umschlaggestaltung: Uwe Salewski, fairundehrlich@email.de
Umschlagfoto: Udo Janssen
Druck: BasseDruck, Hagen

ISBN 978-3-941186-44-6 Blaukreuz-Verlag Deutschland
ISBN 978-3-85580-480-1 Blaukreuz-Verlag Schweiz

Inhalt

Danksagung

An dieser Stelle möchte ich ganz herzlich meinen beiden Töchtern danken, die ihren Bruder nie fallen gelassen haben, die zu ihm standen und an seine Fähigkeiten glaubten. Danke.

Ein Dank meiner Schwiegertochter, die unseren Sohn mit viel Fürsorge, Wärme und mit ebenso viel Liebe wie Nachsicht begleitete. Danke.

Dank der Drogenberatungsstelle für die vielen guten Elterngespräche, die eine große Hilfe für uns waren. Danke.

Ich bin sehr dankbar, dass es eine Selbsthilfegruppe wie den Elternkreis gibt. Ihr gabt mir in der schweren Zeit Halt, Kraft und Unterstützung. Danke.

Dieses Buch wäre ohne den Journalisten Adalbert Brütsch nicht entstanden; ihm bin ich zu besonderem Dank verpflichtet.

Frau Gudrun Lahme (Lektorin) hat mit ihrer Kreativität, ihren Nachfragen und Vorschlägen immer wieder zu neuen Ideen und tiefer führenden Inhalten beigetragen. Für die freundliche Zusammenarbeit ein herzliches Dankeschön.

Danken möchte ich auch meinem Mann, der mir geholfen hat, mein handgeschriebenes Manuskript zu tippen. Für die Fleißarbeit und die Geduld mit mir – danke.

Ein gemeinsames Buch schreiben, das wollten wir gern.

Für die Bereitschaft und Zeit, um deine Lebensgeschichte zu schreiben, danke ich von Herzen, meinem Sohn. Danke für deinen Mut.

Brigitte Hansen

Vorwort

Das kommt in den besten Familien vor ...

Familien, in denen eines oder sogar mehrere Kinder den Drogen
verfallen, kann es in jeder sozialen Schicht geben. Doch die
Verzweiflung der Eltern, ihre Anstrengungen, die Kinder wieder
von der Droge wegzubringen, ihre Enttäuschungen, ihre Nöte
und Sorgen, sie sind bei allen sehr ähnlich. Und trotzdem, Fälle,
wie der in diesem Buch geschilderte, machen Mut und vermitteln
Hoffnung.

Die Geschichten in diesem Buch sind so wahr, wie Erinnerungen
wahr sein können. Um die Personen zu schützen, wurden die Namen
der Betroffenen verändert. Auch die Autorin und ihr Sohn schreiben
unter einem Pseudonym. Ihre Schilderungen sind jedoch ungeschminkt,
sie haben sich so zugetragen.

Frank geriet in einen Strudel von Drogenmissbrauch und Sucht, seine
Eltern drehten sich jahrelang in einem Teufelskreis aus Enttäuschung,
Verunsicherung, Hilflosigkeit, panischen Reaktionen und vehementer
Schuldzuweisung. Schmerzvoll war es für sie, mit ansehen zu müssen,
wie der eigene Sohn in sein Verderben rennt.

Dieses Buch will all den Eltern Mut machen, deren Kinder mit Drogen
in Kontakt gekommen sind. Hier werden Wege zur Selbsthilfe gewiesen.
Und die Autorin ermutigt, die Ohnmacht zu akzeptieren, ohne die
Hoffnung und den Glauben zu verlieren. Ein echtes Mutmachbuch für
betroffene Eltern und Angehörige, das vor allem deshalb wertvoll ist,
weil hier auch der Sohn zu Wort kommt, dem es gelungen ist,
den Fängen der Drogen zu entkommen.

Adalbert Brütsch

Happy End

12 Uhr, ein heißer Augusttag, die Sonne steht hoch am Himmel. Dieter, mein Mann, liest auf unserer Sonnenterrasse Zeitung. Das Klingeln des Telefons unterbricht die mittägliche Ruhe, eine aufgeregte Stimme erschreckt mich: „Ich bin's, Frank. Mama, Du kannst mir jetzt gratulieren. Ich hab`s geschafft: Ich bekomme den Job! Der Personalchef rief mich an und sagte: ‚Wir haben uns für Sie entschieden!' Er will mich nehmen und das schon bald. Ich soll heute noch vorbeischauen wegen des Vertrags. Was sagst du dazu?"

„Das ist ja wunderbar! Gratuliere, Frank! Ich freue mich ja so für dich." – „Was mein Chef wohl sagen wird, wenn ich kündige? Ich bin schon ein bisschen traurig. Meine jetzige Firma ist toll, sie bot mir alle Möglichkeiten weiterzukommen, aber leider habe ich hier keine Aussicht auf einen Aufstieg. Jetzt muss ich an mich und meine Familie denken. Die neue Stelle ist ein Glückstreffer. Mein Chef wird bestimmt verstehen, dass ich diese Chance nutzen möchte. Sag bitte Papa, ab 1.Oktober leite ich einen Betrieb. Ich bin gespannt, was er dazu sagt. Wir besuchen euch bald, denn das muss gefeiert werden. Michaela, Susanne und Max möchte ich auch einladen. Das gibt ein Doppelfest: bestandene Meisterprüfung und neuer Job. Ich muss jetzt Schluss machen, meine Mittagspause ist bald zu Ende. Ich rufe euch wieder an. Tschüss."

Vor Freude und Begeisterung bin ich ganz aus dem Häuschen. Überglücklich laufe ich auf die Terrasse und erzähle Dieter aufgeregt, was ich soeben erfahren habe. Ich spreche laut und deutlich, er hört schwer. Aber plötzlich versteht er alles, ich muss nichts wiederholen. Er strahlt, Erleichterung ist ihm ins Gesicht geschrieben. „Darauf kann Frank wirklich stolz sein." Ich hätte die ganze Welt umarmen können, so glücklich war ich in diesem Moment.

Noch am selben Tag rufe ich meine Schwiegertochter Johanna an. Sie ist von der Arbeit gekommen und sitzt mit Jonas, unserem Enkelkind, an den Hausaufgaben. „Ich freue mich so für Frank, das ist eine große

Herausforderung für ihn." Sie ist ebenfalls überglücklich. Wir besprechen noch, wann und wo wir die Meisterfeier machen wollen und einigen uns auf eine schöne Grillparty bei uns auf der Terrasse. Anschließend lege ich mich entspannt auf meine Liege, genieße die warme Sonne, schicke ein Dankgebet zum Himmel, schließe die Augen und lasse die vergangenen Jahre wie einen Film vor mir ablaufen, beginnend mit meinem Auszug aus meinem Zuhause.

Die Zeit vor den Drogen

Von Hamburg nach Berlin

Schweren Herzens packe ich meinen Koffer und verabschiede mich von meiner geliebten Mutter, von Oma und meiner Heimatstadt Hamburg. Ich steige ins Flugzeug nach Berlin und fliege zu meiner ersten großen Liebe, die ich auf einer Urlaubsreise nach Kärnten kennengelernt habe. Im Millstätter See schwimmend schob ich die Luftmatratze eines jungen Mannes weg, um vorbeischwimmen zu können. Darauf erwiderte er im Berliner Dialekt: „He, Fräulein, so was lieb icke aber nicht."

Da ich noch nicht volljährig bin, muss mir meine Mutter die Einwilligung zur Hochzeit geben. Mit 20 Jahren heirate ich 1963 „Bolle". Aus dieser Ehe habe ich zwei wunderbare Töchter: Michaela und Susanne. Doch diese Ehe hält nur acht Jahre, dann trennen wir uns im Guten. Vielleicht war ich damals doch zu jung.

Wir ziehen ins Schwabenländle

Dieter lerne ich in Berlin kennen. Er befindet sich auf einer Geschäftsreise, ist acht Jahre älter als ich, verheiratet, hat keine Kinder, ist groß, schlank und sehr charmant. Ich verliebe mich sofort in ihn. Wir, meine beiden Kinder – damals sechs und vier Jahre alt – und ich verlassen Berlin und ziehen ins Schwabenland zu Dieter.

Er steht am Flughafen und holt uns ab. Den Mädchen ist Dieter nicht fremd – sie mögen ihn. Als wir durch die dunklen Dörfer fahren, fragt auf einmal Michaela: „Mama, fahren wir nach Sibirien?" Nach drei Stunden erreichen wir unsere neue Heimat im Schwarzwald. Wir ziehen in Dieters schöne Dreieinhalb-Zimmer-Mietwohnung, mitten im Grünen und mit einer herrlichen Aussicht auf die Berge.

Meine Kinder sind in den ersten Wochen fest davon überzeugt, die

Leute hier im Dorf würden alle Englisch sprechen – sie verstehen kein Wort. Susanne geht in den Kindergarten und Michaela in die erste Klasse der Grundschule. Schnell freunden sie sich mit den Kindern und der für sie fremden Sprache an, verstehen die anderen immer besser und beginnen bald, selbst zu schwäbeln.

Nach Dieters Scheidung heiraten wir. Ich bin überglücklich, denn ich liebe Dieter über alles. Er gibt mir Sicherheit und irgendwie auch väterliche Geborgenheit. Michaela und Susanne lieben ihren neuen Papa ebenfalls. Gern würde er die beiden adoptieren, aber „Bolle" ist dagegen, er hat Angst, sie zu verlieren.

In den Sommerferien besuchen sie ihren Vater in Berlin oder er kommt zu uns in den Schwarzwald. Manchmal nimmt er sie mit in den Urlaub nach Mallorca. Ich bin froh, dass sich „Bolle" und Dieter verstehen, das ist für die Kinder am besten, sie blühen in ihrer neuen Heimat richtig auf und Susanne spricht schon bald perfekt Schwäbisch.

Dieter ist häufig auf Geschäftsreisen. Als Personalchef einer größeren Firma sucht er neue Mitarbeiter in Deutschland, in Jugoslawien und in Österreich aus: „Arbeiten dort, wo andere Urlaub machen!", heißt das Motto.

Frank, unser Wunschkind, erblickt das Licht der Welt

Bald werde ich schwanger, wir bekommen unser Wunschkind: Frank. Michaela und Susanne freuen sich sehr über ihr Brüderchen und bemuttern es. Unsere Wohnung wird bald zu klein. Als Frank drei Jahre alt ist, mieten wir ein schönes, großes Haus mit Einliegerwohnung und kleinem Garten, direkt am Waldrand, genug Platz für unsere fünfköpfige Familie. Nach einem Jahr kaufen wir uns dieses Traumhaus und sind glücklich.

Die beiden Mädchen entwickeln sich prächtig. Sie haben viele Freunde und Hobbys. Michaela geht aufs Gymnasium und Susanne zur Realschule. Mit drei Jahren kommt Frank in den Kindergarten und lernt Uli kennen, und mit sechs Jahren wird er eingeschult. Er schwäbelt mächtig, kann aber auch Hochdeutsch sprechen. Da Frank ein sehr guter Schüler ist, bekommt er als einziger Junge aus seiner Klasse die Empfehlung für das Gymnasium.

Uli, sein allerbester Freund aus der Grundschule, besucht die Realschule. Frank vermisst ihn sehr, ohne Uli gefällt es ihm auf dem Gymnasium nicht. Seine Leistungen werden immer schlechter. Nachdem er die 6. Klasse wiederholt hat, merken wir bald, dass er nicht in der richtigen Schule ist. Aber statt in die Realschule bringen wir Frank in das Aufbaugymnasium, ein Internat. Er hat mächtig Heimweh und fühlt sich nicht wohl, ist mehr Ex- als Interner im Internat. Er wünscht sich, auf die Realschule in unserem Nachbarort zu gehen, wo wir ihn dann auch anmelden. Ich selbst bin froh, ihn wieder zu Hause, in meiner Nähe, zu haben.

Ein Hund kommt ins Haus

Weihnachten 1983 kaufen wir uns einen Welpen, einen englischen Jagdhund, für Frank die absolute Überraschung. Er wünschte sich schon immer einen Hund. Die Kinder staunen über Paulas riesig lange Schlappohren, ihre kurzen Beine und den traurigen Blick. Da kommt Freude auf. Weihnachten ist gerettet.

Als Paula zwei Jahre alt ist, lassen wir sie von einem prachtvollen dreifarbigen Rüden decken. Sie bekommt neun wunderschöne Welpen. Frank setzt sich täglich zu den Hundebabys in die Wurfkiste und verteilt Streicheleinheiten. Aus diesem Wurf behalten wir gleich zwei Hündinnen, Emma und Lilli. Wir bilden die Hunde jagdlich aus, besuchen Hunde-Ausstellungen im In- und Ausland und lernen dabei interessante Leute kennen, schöne Freundschaften entstehen. Auf einige Ausstellungen begleitet uns Frank.

Unsere Wochenendehe

Inzwischen hat Dieter einen neuen Job in der Großstadt. Wir wollen auf keinen Fall dorthin ziehen, auf dem Land haben wir uns gut eingelebt. Er mietet sich am Arbeitsort ein Apartment, wohnt die Woche über dort und kommt am Wochenende nach Hause. Nun bin ich „alleinerziehende Mutter" von drei Kindern, versorge zusätzlich noch Hunde, Haus und Garten.

Wenn Dieter am Freitagabend die Haustür aufschließt, wird er stürmisch von unseren drei „Hundedamen" begrüßt, so als ob er jahrelang weg gewesen wäre. Emma rennt schnell in die Küche, um ihm noch ein Begrüßungsgeschenk zu bringen. Mit einem Stuhlkissen in ihrer Schnauze kommt sie stolz daher und legt es meinem Mann vor die Füße. Lilli gibt ihm Küsschen und macht Freudensprünge. Mutter Paula wedelt freudig mit dem Schwanz. Natürlich bin auch ich recht froh und glücklich, Dieter wieder in meiner Nähe zu haben. Viel zu schnell vergehen die Wochenenden, wochentags bin ich wieder mit den Kindern und den Hunden allein.

Frank in der Pubertät

Nach ihrem Studium in Berlin zieht Michaela bei uns aus. Sie heiratet mit zweiundzwanzig Jahren Micha, ihren damaligen Schulfreund vom Gymnasium. Ich erinnere mich noch genau. Auf ihrer Hochzeit trägt Michaela ein wunderschönes langes weißes Brautkleid. Ein Blütenkranz schmückt ihr naturgelocktes Haar, einfach bezaubernd sieht sie aus. Über hundert Hochzeitsgäste feiern mit Michaela. Ihr Vater „Bolle" mit seiner Frau darf an diesem besonderem Tag seiner Tochter nicht fehlen. Doch im verflixten siebten Ehejahr trennt sich Michaela leider von Micha. Sie lernt in einer Klinik, in der sie arbeitet, einen Oberarzt kennen, Richard.

Susanne macht nach der Realschule eine kaufmännische Ausbildung und zieht mit zwanzig Jahren zu ihrem Freund. Meine beiden erwachsenen Mädchen sind plötzlich aus dem Haus. Was für eine Leere, ich vermisse sie sehr. Zum Glück wohnen sie nicht ganz soweit entfernt.

Wir haben jetzt viel Platz und Frank zieht in die untere Wohnung. Er richtet sich sein neues, größeres Zimmer gemütlich ein mit Poster an den Wänden. Die Stereoanlage wird ab sofort lauter gestellt, seine Rockmusik dröhnt bis in die oberen Wohnräume.

Verglichen mit meinen beiden Mädchen erlebe ich die Pubertät beim Frank in der ersten Zeit als gar nicht so schlimm, er ist nicht zickig. Ich erschrecke aber, als ich Zigarettenqualm an seinem Anorak rieche. „Warum rauchst du?", will ich wissen. Keine Antwort, statt dessen erhalte ich einen trotzigen Blick. Er bunkert sich in seinem Zimmer ein, die Tür bleibt für den Rest des Tages verschlossen. Mich plagt mein schlechtes Gewissen, ich beruhige mich aber und versichere mir, dass wir auch diese Pubertät überstehen werden. Wir wollen nicht zu streng und nicht zu nachlässig sein. Das ist klar, aber wie finden wir im Erziehungsalltag das Mittelmaß zwischen Grenzen setzen und Freiheiten zulassen? Da wird noch einiges auf uns zukommen, dessen sind wir uns sicher. Nur ahnen wir zu diesem Zeitpunkt nicht, was tatsächlich noch alles auf uns zukommt.

Als ich eines Nachmittags vom Einkaufen komme, höre ich Stimmen aus Franks Zimmer und mache die Tür auf. Er hat Besuch, der Fernseher läuft. Drei Jungs in seinem Alter sitzen gemütlich auf dem Sofa und sehen sich „Wir Kinder vom Bahnhof Zoo" an, die Geschichte von Christiane F., die mit zwölf Jahren ihren ersten Joint raucht, sich mit dreizehn Heroin spritzt und mit vierzehn auf dem Kinderstrich das Geld anschafft, das sie für ihren nächsten Schuss braucht, um ihre Sucht zu stillen. Die fünfzehnjährigen Jungs grinsen mich an, als ich da so im Raum stehe. Ich finde es zwar förderlich, dass sie sich diesen Aufklärungsfilm ansehen, zumal das Buch Pflichtlektüre an vielen Schulen ist, aber ein merkwürdiges Gefühl befällt mich, mir macht dieser Film Angst.

Zwei Pflanzen auf der Fensterbank

Irgendwann bringt Frank zwei Grünpflanzen mit nach Hause und bittet mich, sie regelmäßig zu gießen. „Mama, die habe ich von einem Freund bekommen, die werden noch größer. Stell sie bitte auf die Fensterbank." Tatsächlich schießen sie bei meiner guten Pflege schnell in die Höhe, mit Freude verfolge ich ihr Wachsen. Doch eines Tages sind die Grünpflanzen von meiner Fensterbank verschwunden. Frank muss sie wohl in sein Zimmer gestellt haben, aber dort stehen sie auch nicht, merkwürdig. „Wo hast du die Pflanzen gelassen?", frage ich, „vielleicht bekommen sie noch Blüten?" – „Nein, ist schon okay!", erhalte ich von Frank als Antwort, „ich hab sie dem Freund zurückgebracht." Das Grünzeug beschäftigt mich noch tagelang. Warum hat dieser Freund sie nicht selbst gepflegt?

Oma Trude lüftet ihr Geheimnis

Diesen Anruf meiner Mutter werde ich nie vergessen. Mit aufgeregter Stimme eröffnet sie mir: „Hast du einen Moment Zeit, ich muss dir einen wichtigen Brief vorlesen. Der Brief kommt von deinem Vater." Ich bin schockiert. Jetzt, wo ich fast 50 Jahre alt bin, tritt ein Vater plötzlich in Erscheinung? Meine Mutter und meine Oma erzählten mir als Kind, er sei im Krieg gefallen. Und nun ein Brief von ihm? „Dein Vater will wissen, wie es dir geht, er will wissen, wo du lebst und ob du Kinder hast. Er möchte dich gerne sehen."

Na toll, der macht es sich ja einfach. Ich hatte nie einen Vater und soll jetzt Gefühle zeigen. Das ist doch ein fremder Mann für mich. Meine Kinder bekommen auf einmal einen neuen Opa? Meine Mutter redet weiter: „Dein Vater ist alt und möchte dir Geld vererben, da er mit seinem Sohn zerstritten ist und der nur sein Pflichtteil bekommen soll. Er möchte dir und deinen Kindern etwas zukommen lassen."

Nun habe ich auch noch einen Halbbruder – ich fasse es nicht. „Dein Vater schickt dir ein Foto von ihm, damit du nicht erschrickst. Er schreibt dir auch noch einen Brief." Oh Gott, wie erkläre ich das nur meinem Mann und den Kindern?

Jetzt ist meine Mutter schon so alt, hat mir nie etwas über meinen Vater erzählt, mich im Glauben gelassen, dass er tot ist. Unglaublich! Wie konnte sie nur ein Leben lang dieses große Geheimnis mit sich herumtragen? Wie muss sie darunter gelitten haben? Doch plötzlich bricht meine Mutter ihr Schweigen und beichtet mir ihre ganze Geschichte mit meinem Vater. Es sprudelt nur so aus ihr heraus: Mein Vater war verheiratet und hatte einen Sohn aus dieser Ehe. Er wollte auf keinen Fall, dass die Schwangerschaft bekannt wurde. Er sorgte sich aber nie um meine Mutter und mich. Sie hasste ihn – sie liebte ihn. Es waren schlimme Zeiten damals 1943 in Hamburg, als ich unehelich geboren wurde. Zweimal war sie ausgebombt worden und hatte dabei alles verloren, ihr ganzes Hab und Gut. – Ja, ich besuche meinen Vater in Hamburg – und meinen Halbbruder.

Am Flughafen stehen sie, meine Eltern, um mich abzuholen. Ein befremdendes Gefühl. Mein Vater ist nicht groß, sehr elegant gekleidet und ein wohlhabender Mann, Witwer mit einer Stieftochter. Mein Halbbruder, den ich einen Tag später kennenlerne, gefällt mir auf Anhieb. Er ist mit einer sympathischen Französin verheiratet und hat mit ihr drei Kinder. Der „neue Opa" besucht uns einmal im Sommer in unserem schönen Schwabenland, dabei lernt er Dieter und seine drei Enkelkinder sowie unsere Hunde kennen.

Drogen bestimmen Franks Leben

Frank raucht in der Clique

In der unteren Wohnung hat unser Sohn seine ganz privaten Räume für sich allein, hin und wieder besuchen ihn seine Freunde. Die Jungs schauen sich Filme aus der Videothek an und rauchen Zigaretten. Aber was soll ich sagen, wenn der eigene Mann auch raucht.

Bald riecht es aber nicht nur nach Zigarettenqualm. Ich verspüre einen eigenartigen, süßlichen Geruch in meiner Nase. Die Clique kichert und lacht pausenlos. Mir behagt dieser Umgang nicht, zumal Frank des Öfteren mit roten, glänzenden Augen und großen Pupillen nach Hause kommt und einen Heißhunger auf Süßigkeiten entwickelt, den ich bei ihm vorher nicht kannte. Hin und wieder einen Riegel Schokolade oder ein Bonbon, das war es bislang. Per Zufall finde ich in Franks Zimmer Tütchen sowie andere komische Utensilien. Rauschgift? Zu diesem Zeitpunkt habe ich keine Ahnung, was z. B. Haschisch bewirkt. Dass es eine illegale Droge ist, mit der man cool drauf ist, weiß ich schon. Ich will nicht als altmodisch und spießig dastehen und spreche unseren Sohn ganz sachlich darauf an, was er da rauche. „Ach Mama, mach dir keine Sorgen, einen Joint zu rauchen, ist völlig harmlos. Alkohol trinken ist viel, viel schlimmer." – Erlebe ich ein harmloses Experimentieren mit Cannabis in der Clique, das bald vorbei geht?

Ich will wissen, wie ich mich meinem Kind gegenüber verhalten soll, und rufe besorgt bei der Drogenberatungsstelle an: „Mein Kind nimmt Drogen, was kann ich tun?" Die Antwort: „Machen Sie sich keine Sorgen, das kann in der Pubertät schon einmal vorkommen. Ein bisschen Kiffen ist nicht so schlimm, das probieren immerhin einige Jugendliche aus. Sie werden sehen, das geht wieder vorbei."

Ich erinnere mich noch gut daran, wie Frank einmal ganz aufgeregt nach Hause kommt und verkündet: „Mama, ich will die große, weite Welt kennenlernen. Ich fahre mit Freunden übers Wochenende nach Amsterdam. Wir haben uns ein Auto geliehen." – „Wenn du meinst, du musst sie sehen, die große weite Welt, dann fahr."

Realschule geschafft - Lehre nicht beendet

Den Realschulabschluss schafft Frank, gelernt hat er dafür kaum. Die Bundeswehr entlässt ihn nach einem halben Jahr wegen einer angeblichen Nierenerkrankung. Die Lehrstelle als Industriekaufmann bekommt er nur, weil sein Test super ausfällt. Im zweiten Lehrjahr kapituliert er in der Berufsschule, wieder einmal hat er nie gelernt. Um wenigstens einen Abschluss zu bekommen, wechselt er auf eine kaufmännische Schule, aber auch hier scheitert er. Vorübergehend jobbt er, hat aber nie Geld. Was ist bloß mit unserem Sohn los? Ich kann den Gedanken nicht ertragen, dass mit ihm etwas nicht stimmt und Drogen die Ursache dafür sein können. Dieses Problem darf es nicht in unserer Familie geben, das werden wir wieder in den Griff bekommen.

Opas Auto

Nach der Führerscheinprüfung mit 19 Jahren darf Frank ausnahmsweise eine Probefahrt mit Dieters Firmenwagen machen. Stolz dreht er ein paar Runden mit dem BMW. Weil er gut und sicher fährt, bekommt er manchmal am Wochenende das Auto. Die erste Zeit geht alles bestens – bis, ja bis dann der erste Autounfall passiert: Blechschaden hinten rechts. Dann ist Schluss.

Die Enttäuschung, nicht mehr mit dem Firmenwagen fahren zu dürfen, weicht bald der Freude über den alten gelben Daimler, den mein Vater, der in seinem Alter nicht mehr fahren möchte, an Frank vermacht. Er soll nach Hamburg kommen und den Wagen abholen. Das lässt er sich nicht zweimal sagen. Der alte, gelbe Mercedes steht schneller vor unserer Tür, als uns lieb ist.

Urlaub in Tunesien

Unser Sohn ist ein sehr kontaktfreudiger Jugendlicher, groß, charmant und wortgewandt und sieht dazu noch gut aus, lernt aber nicht. Ohne Lehrstelle und Berufsschulabschluss steht er da. Was er aber nun hat, ist der gelbe Daimler vom Opa. Jetzt will er erst einmal eine „schöpferische Pause" einlegen und ausgiebig Urlaub machen. Er liebt eben das Abenteuer und ferne Länder. Schon mit 16 Jahren flog er ganz allein nach Israel und war erst jüngst allein in Tunesien. Mit dem Auto unternimmt er nun vier Wochen darauf eine weitere schöne Reise. Sie führt ihn über Genua und von dort mit der Autofähre übers Mittelmeer wieder nach Tunesien, zu einer einheimischen Familie, die am Stadtrand von Hammamet lebt. Diese Familie hatte er zuvor beim ersten Aufenthalt kennengelernt. Mit Otmane, dem Herrn des Hauses, der in der Nähe der Hotelanlage in einem Beduinenzelt mit Touristen Wasserpfeife raucht, freundete sich Frank damals schnell an. Der ältere Mann nahm ihn einmal auf seinem kleinen Mofa mit zu sich nach Hause. Im Hotel machte er seinerzeit auch Bekanntschaft mit einer Animateurin, die er unbedingt wieder sehen wollte. Sie sollte auf ihn warten, er käme bald wieder, versprach er ihr.

Kaum in den Schwarzwald zurückgeflogen, klingelt das Telefon: „Hallo wie geht's? Hier Otmane! Wo ist Frank? Soll kommen zu uns. Wir haben großes Haus, kann wohnen bei uns. Du auch kommen zu uns, kein Problem. Haben schönes Wetter – sehr heiß hier." Kurze Zeit später, nachdem Frank schon Otmanes Angebot in Anspruch genommen hat, buche ich eine 14-tägige Flugreise nach Hammamet mit Halbpension für mich und meine Tochter Michaela – denn ich bin neugierig, wo Frank untergebracht ist.

Nach einigen Tagen in Tunesien lädt Otmane uns beide am späten Nachmittag zu sich ein. Frank holt uns mit dem Taxi ab. Auf der Fahrt zu Otmane erzählt uns Frank, dass die Animateurin abgereist sei, sie hatte nicht auf ihn gewartet. Das Taxi hält vor Otmanes Haus. Wir sind überrascht, wie freundlich die Familie uns begrüßt. Die Frau von Otmane zeigt uns ihr nettes, sauberes Haus, das noch umgebaut wird, und ihr Gästezimmer, in dem Frank zurzeit wohnt. Sehr aufgeräumt! Wir besichtigen den wunderschönen, blühenden Garten und Otmane zeigt uns stolz seine Obstplantage. Zitronen-, Apfelsinen- und Granatapfelbäume stehen überall in voller Pracht. An einem langen, liebevoll gedeckten Tisch mitten im Garten nehmen wir Platz. Es wird bald dunkel und die Sonne geht unter. Brennende Kerzen stehen auf dem Tisch. Zwei Töchter des Hauses bedienen uns mit köstlichen tunesischen Spezialitäten. Es gibt jede Menge zu essen.

Bei einem unserer Tischgespräche mit Frank erfahren wir zu unserem Erstaunen, dass er mit Otmane zusammen einen kleinen Lebensmittelladen kaufen will. Meine Tochter und ich merken, Frank fühlt sich in diesem Land und in dieser Gesellschaft sehr wohl, aber in Tunesien leben, und sich mit so einem „Tante-Emma-Laden" durchs Leben zu schlagen, das können wir uns beide für ihn nicht vorstellen. Geschickt lenken wir ihn vom Thema ab. Unter sternenklarem Himmel bei lauwarmer Luft und Grillenzirpen erleben wir noch einen unvergesslich schönen Abend, eine Atmosphäre wie aus Tausend und einer Nacht. Bei Otmane und seiner Familie bedanken wir uns herzlich für die Einladung, geben ihm noch einen Briefumschlag mit Geld für Franks Kost und Logis für die drei Wochen und sagen zum Abschied: „Otmane, komm zu uns, uns besuchen, nach Deutschland, in unser Schwabenländle."

Eine Woche später fährt Frank wieder zurück über die Schweiz Richtung Heimat. In Zürich kauft er sich von seinem Notgroschen, den ich ihm in Tunesien gab, Rauschgift, knallt sich vollkommen zu und fährt so weiter nach Hause. Dort angekommen, labert er im Drogenrausch, dass er seine neue tunesische Familie mehr liebe als uns, und er eines Tages von Opas Erbe dort einen Laden kaufen würde. Der Opa war inzwischen verstorben und hatte ihm Geld vermacht, allerdings unter der Bedingung, dass er zuvor einen anderen Lebenswandel führe. Daher wurde es von uns erst einmal angelegt.

Das mit dem Erbe musste er auch Otmane erzählt haben, der nun ständig bei uns anruft und eines Tages im Oktober tatsächlich vor unserer Tür steht, um uns und Frank zu besuchen. Frank wohnt zu dieser Zeit in der Apartmentwohnung von Dieter und so haben wir den Tunesier zu Hause. Als ich Frank anrufe und ihm erzähle, er habe Besuch aus Tunesien, fährt er gleich abends mit dem Zug zu uns, um seinen alten Freund zu sehen. Die Begrüßung fällt sehr herzlich aus. Nach dem Abendessen nickt Frank im Sessel immer wieder ein. Sein Kopf fällt nach vorne. Er hat was „drin". Nur was? Ob Otmane es bemerkt? Ich weiß es nicht. „Unser" Tunesier bleibt noch ein paar Tage bei uns. Wir zeigen ihm unseren höchsten Berg, den Feldberg, den Titisee und fahren über die Schwarzwaldhochstraße. So viele Tannenbäume hat er noch nie gesehen. Eines Abends raucht er auch genüsslich Franks tunesische Wasserpfeife. Irgendwie habe ich das Gefühl, Otmane ist ein kleines Schlitzohr, denn er spricht immer wieder von dem „Laden", den er so gern mit Frank kaufen will. Ich kaufe für Otmane und seine große Familie Geschenke ein. Seiner Frau will er unbedingt warme Hausschuhe mitnehmen. Er ist glücklich über all die Mitbringsel aus Deutschland und fährt zurück in sein „Morgenland". Franks Traum von einem Laden in Tunesien verliert sich mit der Zeit und Otmane sehen wir nie wieder.

Tür an Tür mit einem Junkie

Unser schönes, großes Haus am Waldrand ist immer für andere offen. Franks Freunde sind stets willkommen, sie finden mich nett und genießen es, wenn ich sie bewirte. Doch irgendwann besuchen sie ihn kaum noch. Frank isoliert sich, hält sich lieber bei den älteren „Freunden" im Ort auf, die alleine wohnen. Er besucht sie fast täglich, kauft bei ihnen Drogen oder konsumiert sie mit ihnen.

Mein Mann ist durch seine Arbeit sehr angespannt. Also kümmere ich mich immer mehr um meinen Sohn und versuche, ihn gut im Auge zu behalten.

Unser Sohn ist ein anderer Mensch geworden. Sein Interesse an seinen Hobbys und seine Unternehmungslust sind verflogen. Er hat keine Freundin, außer der „Liebesbeziehung" zu der Droge, seiner „Geliebten". Statt wie früher modisch angezogen, läuft er jetzt nur noch in schwarzen Klamotten herum. Morgens kommt er kaum aus dem Bett, sein Fernseher läuft die ganze Nacht. Er verschläft wichtige Termine, die ich dann für ihn erledige. Wenn ich ihn umarmen will, drückt er mich kühl und abweisend zur Seite. Sein Gesicht hat sich verändert, bleiche Haut, dunkle Ränder unter den Augen, hin und wieder Pickel. Er isst anders als früher: Zeitweise verschlingt er Milchreis, Pudding, Bananenmilch und Joghurt in großen Mengen, mittags zeigt er wenig Appetit.

Frank trägt immer langärmlige Hemden, deshalb entdecke ich erst spät den Einstich einer Spritze im rechten Arm. Ich erschrecke zu Tode. „Mein Kind spritzt sich Heroin", schießt es mir durch den Kopf. In diesem Moment fällt mir der Film von Christiane F. wieder ein. Hängt mein Kind auch schon an der Nadel? Ich spreche ihn darauf an. „Das ist nur ein Insektenstich", erhalte ich zur Antwort. Doch einige Zeit später vertraut mir mein Sohn an, dass ein Junkie im Dorf ihn angefixt hat. Ich kann es nicht glauben. Unser Sohn ist ein Heroinabhängiger, ein Junkie, noch dazu einer, der spritzt, ein Fixer! Oh Gott, das darf nicht wahr sein.

Ich verfluche seinen Dealer Matse, bei dem er täglich Heroin kauft und der ihm die erste Spritze gesetzt hat, spreche ihn schuldig für Franks Drogenabhängigkeit. Doch Frank entgegnet: „Mama, der Matse hat keine Schuld, ich bin selbst schuld." „Was empfindest du denn nur, wenn du dir das Gift in deine Venen spritzt", frage ich aufgebracht. „Eine wunderbare Wärme! Diese wunderbare Wärme nach dem Schuss, wie sie dann durch meinen Körper strömt, die kann mir kein Mensch geben", erklärt er mir.

Mein Sohn bittet mich immer häufiger um Geld. Sobald ich ihm etwas gebe, schleicht er sich erleichtert aus dem Haus und bleibt die Nacht fort. Doch immer wieder lasse ich mich von ihm linken.

Wenn er Geld für seine Droge braucht, kann er mich mit seinem ganzen Charme und seinen cleveren Sprüchen um den Finger wickeln. Er verspricht mir z. B. hoch und heilig, den „Stoff" nicht mehr anzurühren, aber er habe noch Schulden bei einem Freund. Ich lenke ein. Geschwind schnappt er sich den Schein und sagt erleichtert: „Danke. Ich gehe noch kurz fort." – Und wieder einmal: Lüge, nichts als Lüge. Trotzdem lasse ich mich immer wieder darauf ein. Ich freue mich dann, dass er wieder mal ein Lächeln zeigt und mir einen Kuss auf die Wange gibt. Ich gebe ihm das Geld auch, damit er nicht in die Kriminalität abrutscht, aber sobald ich ihm etwas zustecke, plagt mich auch ein schlechtes Gewissen. „Wenn er sich nun damit „Stoff" kauft, irgendwo in einer Straßenecke liegt und sich den „Goldenen Schuss" setzt? Dann, ja dann bin ich daran schuld!"

Weigere ich mich, seine Sucht finanziell zu unterstützen, tyrannisiert er mich. Furchterregende Szenen spielen sich fast täglich bei uns zu Hause ab. Er läuft unruhig wie ein wildes Tier durch das Haus, tobt herum, knallt mit den Türen, oder tritt mit dem Fuß aus Wut dagegen, voller Wucht. Des

Weiteren schlägt er mit seinen starken Fäusten gegen die Wand und zerschlägt die Pendelleuchte und den Lichtschalter. Einmal bedroht er mich mit dem Küchenmesser. Er klaut Geldscheine aus unseren Geldbörsen und fälscht die Unterschriften von meinem Mann und mir auf Schecks. Vorsichtshalber trage ich mein Geld schon häufig am Körper. Außerdem verstecken wir unsere Portemonnaies ständig an anderen Plätzen, sogar in dem großen Sack mit dem Hundefutter. Mehrfach schreit Frank mit lauter Stimme herum und beschimpft mich, sodass es die Nachbarn hören können: Ich sei eine lieblose, ja unmögliche Mutter. Er macht mich dazu noch für seine Drogensucht verantwortlich.

Tatsächlich glaube ich zu der Zeit, dass ich Schuld an Franks Abhängigkeit bin. Als Nesthäkchen der Familie haben wir ihn mit viel Liebe überschüttet. Haben wir ihn zu sehr verwöhnt? Litt er darunter, dass er seinen Vater zu wenig sah, der nur an den Wochenenden heimkam? Unser Sohn wurde doch von der ganzen Familie behütet und geliebt. Er war immer ein fröhlicher, netter, sympathischer Junge. Und jetzt dieses Drama mit einem Egoisten, einem Tyrannen, ohne menschliche Gefühle – ein Horror! Dieser mir fremd gewordene Mensch, unser Sohn, sucht nur noch sein Milieu, sucht nur noch den „Stoff".

Immer wieder kontrolliere ich Franks Zimmer, schaue unter seine Kissen, unter die Matratze, öffne jede Schublade, kontrolliere seine Jacken- und Hosentaschen. Ich kann es nicht lassen, ich will es wissen, ich will Beweise. Wenn ich gefaltete Papier- oder Staniolbriefchen, in denen das Heroin verpackt wird, berußte, verbogene Löffel und Spritzen finde, kann ich diese dann meinem Mann zeigen, der ja immer Beweise sehen will. Das ganze Spionieren macht mich krank.

Je länger ich meine Aufmerksamkeit auf Frank richte, um so größer wird das Problem für mich. Ich beschäftige mich enorm viel damit, denke nur daran, wie ich mein Kind retten und schützen kann. Ein bedrückendes Gefühl der Unruhe und Angst um die Zukunft unseres Sohnes rauben mir den Schlaf. „Aus ihm wird nie was. Wir werden ihn für immer ernähren müssen. Er wird keinen Beruf erlernen, keine Familie gründen, depressiv werden", drängt es mir durch den Kopf.

Meine Gefühlslage wird zusehends abhängig von der Gefühlslage meines Sohnes. Wenn es ihm gut geht, geht es mir auch gut. Geht es ihm schlecht, geht es mir auch schlecht. Alles dreht sich um ihn, meine eigenen Bedürfnisse und die der anderen Familienmitglieder nehme ich kaum mehr wahr. Morgens stehe ich mit meinen Sorgen auf, abends gehe ich mit ihnen zu Bett. Wach liege ich im Bett und frage mich: „Wo ist er nur jede Nacht? Warum braucht er keinen Schlaf? Hält Koks ihn wach? – Und unser Sohn? Was macht der? Der geistert derweil durch die Nacht, auf der Suche – nach was? Nach Wärme? – Wärme, die er bei uns nicht hat?"

Frank hat ein Problem, ein großes Drogenproblem, denke ich immer und immer wieder und weiß nicht, wie ich ihm helfen kann. Sätze wie: „Du bist mir zu wertvoll, als dass du in der Sucht vor die Hunde gehst", ignoriert er. Er lebt in einer Welt, zu der ich keinen Zugang habe.

„Ich hab´ alles unter Kontrolle, ich kann jederzeit aufhören", sagt er völlig von sich überzeugt. Doch auch ich glaube an dieses Wunder, ich möchte daran glauben, Mutterliebe macht blind. „Vielleicht ist es nur eine Frage der Zeit, bis er zur Einsicht kommt", sage ich mir. Dennoch – die Hoffnung, dass endlich das Umdenken bei ihm einsetzt, erfüllt sich nicht.

Da sitze ich zu Hause gefangen wie in einer Falle, finde keinen Ausweg aus dieser Lage. Ich lasse mich von meinem Sohn, der immer wieder kifft, kokst und spritzt und dazu auch noch Alkohol trinkt, beherrschen und erpressen und bin nur noch verzweifelt, ratlos, machtlos.

Und mein Mann? Der will immer nur Beweise. Zeige ich ihm, was ich an Rauschgiftutensilien gefunden habe, bekomme ich zur Antwort, dass das Zeug ja auch von seinen Freunden stammen könnte. Gerade noch war ich mir sicher, dann zweifele ich schon wieder: „Ich werde mich vielleicht doch geirrt haben?" Dieter hingegen will nichts davon hören und trinkt an den Wochenenden mehr Alkohol, als er verträgt und lässt mich allein mit dem Problem. Unsere Beziehung erkaltet. Das Leben ist völlig in Unordnung geraten. Ärger und Wut steigen in mir immer öfter hoch. Ich will das alles nicht mehr, aber ich schaffe es nicht allein aus dieser Verwicklung heraus zu kommen. Jeden grausamen Tag kämpfe ich mich durch und bete Tag und Nacht zu Gott, dass dieser Albtraum und diese Seelenqualen bald ein Ende haben.

Der „dicke Ott"

Frank ist kaum noch zu Hause, ständig auf Tour. In der Stadt sieht man den gelben Daimler vor irgendwelchen Häusern stundenlang stehen. Bei den Drogenfreunden ist er gut angesehen. Er hat ja ein Auto, ein „Beschaffungsauto". Einmal nehme ich vor lauter Wut den Ersatzschlüssel und fahre das parkende Auto von der Straße weg. Sollte er ruhig erschrecken und nach Hause laufen. Rache ist süß. Im Winter rutscht der Daimler mit der Automatik besonders bei Schnee, sodass es des Öfteren Blechschäden gibt. Opas alter gelber Wagen ist mehr in der Werkstatt als auf der Straße.

Sobald er wieder fahrtüchtig ist, steht der Wagen beim „dicken Ott". Der „dicke Ott", wie ihn mein Sohn immer nennt, ist viel allein zu Hause. Seine Eltern leben getrennt und wollen sich scheiden lassen. Die Mutter lebt bei ihrem neuen Partner. Der Junge bekommt immer reichlich Geld. Frank besucht ihn öfter, schaut mit ihm Videofilme und kommt spät nach Hause.

An einem sehr kalten Sonntag im Dezember gibt es bei uns norddeutsche Küche, Grünkohl mit Pinkel, Dieters und Franks Leibgericht. Als Frank sich an den gedeckten Tisch setzt, erschrecke ich fast zu Tode. Durch seinen regelmäßigen Heroinkonsum vernachlässigt er seine Kleidung und seinen Körper fortwährend und nimmt zusehends ab. Er hat eine bleiche Gesichtsfarbe, eingefallene Wangen, dunkle Ränder unter den Augen, kleine Pupillen. Jetzt bloß nichts sagen, Ruhe bewahren! Mir ist der Appetit vergangen. Frank isst seinen Teller sogar leer und fragt beim Weggehen, ob er seinem Freund Matse noch etwas Grünkohl mitnehmen dürfe, denn als Schwabe solle er das auch einmal probieren. „Tut mir leid", winke ich ab, „ich möchte den Grünkohl morgen zum Mittag noch einmal aufwärmen."

Am nächsten Vormittag schellt es an der Haustür, die Hunde bellen laut. Zwei Kripobeamte stehen vor unserer Tür: „Wir haben einen Durchsuchungsbefehl und möchten zu ihrem Sohn Frank. Ist er da?" Sie durchstöbern sein Zimmer. „Was hat mein Sohn gemacht?", will ich von ihnen wissen. „Im Krankenhaus liegt ein junger Mann auf der Intensivstation im Koma. Er wurde Samstagnacht vor die verschlossene Tür des Krankenhauses gelegt. Jemand klingelte und lief dann weg. Der Mann schwebt in

Lebensgefahr. Es wäre besser für ihn und seine Eltern, wenn er nicht mehr aufwachen würde. Eine Behinderung ist nicht ausgeschlossen. Ihr Sohn kennt ihn."

Mir verschlägt es den Atem, mir wird schlecht und ich muss mich setzen. Derweil durchsuchen die Beamten Franks Zimmer, nehmen einige Utensilien und die Wasserpfeife aus Tunesien mit. Frank wird mit Handschellen abgeführt und muss mit zum Polizeirevier. Er steckt im dicksten Schlamassel. Tage später lese ich in der Zeitung: „Heroinabhängiger, 16-jähriger junger Mann hätte bei rechtzeitiger Hilfe noch leben können."

Unseren Sohn lassen sie wieder frei. Ich stelle ihn zur Rede. Bedrückt und schuldbewusst beginnt er zu erzählen: „Wir waren alle beim Matse, der bei seiner Oma wohnt. Der „dicke Ott" hat sich noch einen Schuss gesetzt, weil er bei dem ersten Schuss nichts spürte. Ich hab´ ihm gesagt, dass er das lassen soll, doch dann wurde er plötzlich ohnmächtig. Wir stellten ihn unter die kalte Dusche, damit er aufwacht, und er antwortete ja auch noch. Ich telefonierte sofort mit einem Freund, der ein Auto hat, damit der ihn schnell ins Krankenhaus fährt. Dass er den „dicken Ott" aber nur vor die Tür des Krankenhauses ablegte, klingelte und dann weglief, wusste ich nicht."

„Warum zum Teufel habt ihr denn nicht sofort den Krankenwagen oder Notarzt geholt? Seid ihr von allen guten Geistern verlassen gewesen, ihr ward doch verpflichtet, ihm zu helfen." – „Matses Oma war nicht daheim, sie besuchte eine Weihnachtsfeier. Wäre der Krankenwagen gekommen, hätten die Nachbarn angenommen, der Oma sei etwas passiert. Das wollte Matse nicht. Ja, ja – ich weiß es selber, das war nicht okay. Wir hatten ja alle das Gift im Körper und konnten nicht mehr klar denken."

Frank bekommt wegen unterlassener Hilfeleistung eine Haftstrafe auf Bewährung. Seinen Führerschein, den er seit einem Jahr besitzt, muss er beim Landratsamt abgeben, sich in regelmäßigen Abständen beim Bewährungshelfer melden und Termine in der Drogenberatungsstelle wahrnehmen. Opas alter gelber Daimler wird für 200 Mark verkauft. Unser Sohn verspricht uns glaubwürdig nach dem Urteil, sich diesmal wirklich zu bessern. Von einem Arzt bekommt Frank Diazepam (Valium) verschrieben. Einige Wochen später nimmt er erneut illegale Drogen. – Alles nicht eingehaltene Versprechen!

Harry

Anderthalb Jahre später, ein heißer Tag im Juni, die schmiedeeiserne Friedhofstür ist weit geöffnet. Vor der kleinen Kapelle stehen die Trauernden, Leute aus unserem Dorf: Nachbarn, ältere und junge Menschen sowie Junkies. Die Angehörigen sitzen in der Kapelle. Der Pfarrer spricht über Lautsprecher von Harry, Franks gutem Freund, der in der Schweiz in Zürich an einer Überdosis Heroin im Alter von 24 Jahren gestorben ist. Wir beten, wir beten für Harry, und wir beten für die Eltern und Angehörigen. Frank steht da, leichenblass, auch er betet. Als Harrys Sarg mit den Kränzen aus der Kapelle gefahren wird und ich die weinenden Eltern sehe, die sich gegenseitig stützen und langsam hinter dem Sarg hergehen, durchfährt mich ein eiskalter Schauer. Ich zittere am ganzen Körper. In diesem Moment wird mir bewusst: In dem Sarg hätte auch mein Sohn liegen können. Ich schaue hinüber zu der Gruppe Junkies, wo auch Frank steht. Er weint leise vor sich hin.

Harry ging bei uns ein und aus. Er zeigte immer ein lächelndes Gesicht, war ein ruhiger, sympathischer junger Mann mit einer abgeschlossenen Lehre als Raumausstatter. Frank und Harry unternahmen schöne Fahrradtouren, einmal radelten sie sogar an den Bodensee, um dort ein paar Tage auf einem Campingplatz zu zelten. Harry war drei Jahre älter als Frank, ich mochte ihn und hatte Vertrauen zu ihm. Als ich meinen fünfzigsten Geburtstag feierte, gehörte er selbstverständlich zu unseren Gästen. Manchmal durfte er Dieters Firmenwagen fahren, Frank besaß ja keinen Führerschein mehr. Den Wagen stellte Harry stets zuverlässig wieder auf unseren Parkplatz. Hin und wieder saß Frank am anderen Morgen noch schlafend auf dem Beifahrersitz, wenn Harry ihn nicht wach bekam. Er ließ ihn ruhig im Auto sitzen und marschierte nach Hause, was mir wegen der Nachbarn besonders peinlich war.

Zwei Tage nach der Beerdigung mache ich einen Beileidsbesuch bei Harrys Mutter. Ich nehme sie in die Arme. Sie kann nicht weinen, ist traumatisiert. „Jetzt hört das hier endlich auf mit den nächtlichen Anrufen und dem ewigen Geklingel an der Tür. Wir haben wieder Ruhe im Haus. Aber seien Sie froh, Frau Hansen, dass Ihr Sohn lebt, egal ob er Drogen nimmt, aber er lebt." Die Mutter tut mir unendlich leid, und ich wünsche ihr viel

Kraft. Erbärmlich hilflos komme ich mir vor. Im Hinausgehen denke ich, „Wo warst du, Gott, an diesem grauenvollen Tag im Mai? Warum hast du nur Frank und nicht auch Harry beschützt?"

Was war denn in Zürich passiert? Die damaligen Ereignisse sind mir ins Gedächtnis gebrannt, wie im Film laufen sie ab, wenn ich daran denke. Frank, Harry und zwei andere Kumpels wollten mit dem Auto über Pfingsten zu einem Festival nach Zürich fahren. „Wo könnt ihr denn schlafen? Passt bloß auf, nehmt keine Drogen!", bekamen sie von mir mit auf den Weg. „Keine Sorge, wir schlafen im Auto und Drogen nehmen wir schon gar nicht", kommentierte Frank. Dabei grinste mich Harry an.

Am Pfingstmontag saßen mein Mann und ich mit einem befreundeten Ehepaar nach einer großen Wanderung etwas erschöpft im Wohnzimmer, als Frank übernächtigt hereinkam und sofort weinte. „Was ist passiert, warum bist du schon hier? Ihr wolltet doch erst morgen kommen!" Mit zitternder Stimme und leichenblassem Gesicht stand Frank vor uns und begann zu erzählen: „Es ist etwas Fürchterliches geschehen, Mama, Harry ist tot!" – „Was sagst du da? Harry ist tot? Nein, das darf doch nicht wahr sein. Harry ist nicht tot!" Mir zog es den Boden unter den Füßen weg. Ich hatte das Gefühl, gleich ohnmächtig zu werden und fing an zu zittern, mir wurde kalt, fürchterlich kalt.

„Doch, ich kann das Ganze ja auch nicht richtig glauben. Wir saßen alle im Auto und wollten schlafen. Harry saß auf der Rückbank. Er machte plötzlich die Autotür auf und verschwand im Dunkeln. Er muss sich noch etwas besorgt haben. Das Heroin aus der Schweiz ist hochprozentiger als bei uns. Ich habe ihn nicht bemerkt, als er wieder zu uns ins Auto stieg. Als ich morgens wach wurde, drehte ich mich zu ihm nach hinten um. Harrys Haltung sah komisch aus. Ich schrie ihn an: ‚He, Harry, wach auf!' Er reagierte nicht! Er war tot! Als die Schweizer Polizisten alles aufnahmen und ihn dann so lieblos in den Sarg warfen und dabei auch noch ihre Witze machten, wäre ich am liebsten ausgerastet. Sagten die doch: ‚So, hat`s mal wieder einer geschafft aus Deutschland.' "

Mein ganzer Körper zittert noch immer. Mein Mann legt eine Decke um mich. Er denkt ich friere, in Wirklichkeit ist es die Angst. Plötzlich werde ich mir meiner eigenen Situation bewusst: „Was, wenn unser Sohn auch eines Tages stirbt?" Ich gerate in Panik, ich halte es im Sessel nicht mehr aus, stehe auf und renne im Zimmer umher. Von einer Raumseite zur anderen hetzen mich meine Gedanken: „Was, wenn er als Drogentoter womöglich in irgendeiner Gosse liegt? – Ich liebe doch meinen Sohn. – Ich will ihn nicht verlieren." Mein Herz hämmert wie verrückt. Angst, Kummer, Zorn verkrampfen sich in der Brust. – „Ich möchte doch noch eine ganze Menge Schönes mit ihm erleben." Ich versuche ruhig zu atmen. „Oh Gott, ich danke dir, dass mein Sohn lebt." Wie oft bin ich wütend auf ihn, weil er nicht aufhören will mit seinen Drogen, sodass ich einmal schon hinausgeschrien habe: „Setz dir doch den Goldenen Schuss, dann hast du endlich deine Ruhe und wir auch." Nein, wie konnte ich das nur aussprechen. Lieber Gott, verzeih mir. Das hier ist alles noch viel, viel schlimmer! Die haben ihren Sohn verloren!"

Nach Harrys Tod hoffe ich, unser Sohn werde daraus gelernt haben und gegen seine Drogensucht ankämpfen. Weit gefehlt, es wurde eher nur noch schlimmer und ich habe immer wieder eine Heidenangst um ihn.

Bei der Drobs

Es läuft alles weiter wie bisher. Frank kokst, spritzt und dealt seit nunmehr schon fünf Jahren.

Eines Tages, an dem mich meine Ängste mal wieder hin und her treiben, hat Dieter kaum das Haus betreten, als ich auf ihn zustürze: „Du hörst mir nicht zu. Dein Sohn ist heroinsüchtig. Siehst du das nicht? Wir müssen etwas tun. Wir brauchen Hilfe und du musst mitkommen in die Drogenberatungsstelle. Ich alleine schaffe das nicht mehr; ich kann die Verantwortung nicht übernehmen. Ich brauche dich, deine Unterstützung. Wenn nicht, müssen wir uns trennen."

Dieter tut sich schwer, doch seine Ehe ist ihm wichtig, und so kommt er mit. Wir gehen in die Elternberatung der Drobs (Drogenberatungsstelle) zu Herrn Mayer, der uns erst einmal beruhigt und sich einige Notizen macht. Er ist ein netter, freundlicher Mann. Wir haben sofort Vertrauen zu ihm. Herr Mayer redet mir ins Gewissen: „Geben Sie ihrem Sohn kein Geld. Auf keinen Fall! Zahlen Sie ihm keine Rechnungen. Nichts! Damit wird seine Sucht nur verlängert." Ich erkenne, dass ich unser Kind in die

Selbstständigkeit entlassen muss, auch wenn ich Angst davor habe, verstehe, dass die Sucht unseren Sohn beherrscht, meine Argumente ihn nicht erreichen und Kontrollen zu nichts weiter führen. Er würde deswegen doch nicht von den Drogen lassen. Die regelmäßigen Elterngespräche in der Drobs tun uns beiden gut. Und: Wir begreifen schnell, wenn wir zwei – mein Mann und ich – nicht zusammenhalten und uns nicht einig sind, trickst uns unser Sohn nur aus.

Zunächst gehen wir für sieben oder acht Mal in regelmäßigen Abständen von vierzehn Tagen dorthin. Dann ist das leider zu Ende. Die Drogenberatung versteht sich zuvorderst als eine Anlaufstelle für Abhängige, und nicht für uns, die Angehörigen. Allerdings kann ich danach sporadisch auch noch um den einen oder anderen Termin bitten. Die weitere Zeit müssen wir wieder allein mit unserem Problem zurechtkommen. In unserer Bücherei bestelle ich mir deshalb jede Menge Bücher über Drogen, ich will informiert sein.

Lisa

Frank nimmt weiter Drogen, er ist inzwischen 22 Jahre alt, alles läuft wie bisher, mit einer Ausnahme: Lisa. Plötzlich steht sie vor unserer Haustür mit Frank. Sie sieht blass aus, etwas verlebt, ist kräftig geschminkt – Kajal, deftig Kajal – trägt schulterlanges, gelocktes, blondes Haar und viel Silberschmuck. Von schlanker Statur reicht sie Frank gerade bis zur Schulter. Dazu ist sie elf Jahre älter als er, Mutter eines vierjährigen Sohnes und lebt von ihrem Mann getrennt, der wegen Drogendelikten im Knast sitzt. Lisa hat einen guten Job bei einer großen Firma und fährt einen Golf.

Sie begrüßt uns freundlich, verschwindet mit unserem Sohn in seine Wohnung in unserem Haus und bleibt über Nacht. Es bleibt nicht bei dieser einen Übernachtung. Sie kommt jedes Wochenende und nistet sich förmlich bei uns ein. Bringt ihre komplette Garderobe ins Haus, außerdem Büroordner mit ihren privaten Unterlagen und sogar ein Faxgerät werden in Franks Zimmer aufgestellt.

Nicht nur, dass Lisa sich vorübergehend für einige Tage einquartieren will, weil sie in ihrem kleinen Haus nicht allein leben kann, so ohne Mann, nein, sie bleibt ein halbes Jahr. An den Wochenenden zieht hin und wieder ihr Sohn Lukas im Schlepptau hinter ihr her, den ansonsten ihre Schwiegereltern betreuen. Unsere Gastfreundschaft wird ausgenutzt, ärgere ich mich. „Ach was", meint mein Mann, „vielleicht ändert sich unser Sohn durch Lisa und stellt durch sie seinen Drogenkonsum ein." Doch weit gefehlt. Jetzt geht es erst richtig los. Der Golf von Lisa kommt für Frank wie gerufen, seine Freundin kutschiert ihn überall herum.

Es ist 1.55 Uhr. Jetzt bin ich schon wieder wach geworden. Ich gehe in die Küche, mache mir einen Tee. Beim Rühren wird mir kalt im Rücken. Es war nicht der Kräutertee, der mir in der Nacht den Schlaf raubte. Es waren mein Sohn und seine Freundin Lisa. Was sich hier abspielt, ist mir unheimlich und kommt mir vor wie ein Drehbuch für einen Krimi: Es ist Mitternacht. Wiederholt fahren Autos vor, Türen gehen auf, klappen zu, Schritte auf der Außentreppe, Kichern, Türangeln kreischen, Autotüren auf, Autotüren zu, Autos fahren weg. Stille! Schlaf ist es jedenfalls nicht, was ich nachts dabei finde; ich dagegen werde gefunden, von kreisrundem Grübeln: „Warum bekommen sie dreimal die Woche nach Mitternacht Besuch? Warum fährt der Besuch schon nach zehn Minuten wieder ab? Dealen die? Und das unter unserem Dach?"

Da ich an den Armen von Lisa keine Einstiche von Nadeln sehe, glaube ich zunächst, dass sie keine Drogen nimmt. Eines Sonntag morgens, als ich in den Keller gehe, riecht es aus den unteren Räumen fürchterlich verbrannt. Erschrocken öffne ich die Tür. Lisa liegt da, wie bewusstlos. Das Oberbett und die Matratze sind verkohlt und haben große Brandlöcher. „Sie muss mit ihrer brennenden Zigarette eingeschlafen sein", folgere ich. Auch Frank schläft tief und fest. Der Fernseher läuft. Ich bekomme große Angst, hole einen Eimer Wasser und gieße ihn ins Bett. Nicht auszudenken, die beiden hätten ersticken und unser Haus in Flammen aufgehen können. Ich reiße die Rollläden hoch, mache die Fenster weit auf und rüttle Lisa wach. Ihr langes Haar ist angesengt. In diesem Augenblick wird mir bewusst: Lisa ist auch drogensüchtig.

Sie beichtet alles, erzählt mir vertrauensvoll ihre Drogenkarriere. Mit 25 Jahren begann sie Rauschgift zu nehmen, ihr drogenabhängiger Mann verführte sie. Von einem Großdealer aus Hamburg hatte sie sich damals regelmäßig den „Stoff" besorgt. Sie dealten beide, bis ihr Mann eines Tages verhaftet wurde. Heroin spritzte sie bis zu diesem Tag nie, sondern benutzte das Heroin zu „Folie rauchen". Dabei wird das Heroin auf einer Alufolie erhitzt, und die aufsteigenden, morphinhaltigen Dämpfe werden inhaliert. Sie will jetzt damit aufhören, versichert sie mir.

Das Apartment

Dieter fährt neuerdings täglich die lange Strecke zu seinem Arbeitsplatz. Er hat Frank, damit er beschäftigt ist, in seiner Firma eine Stelle als Lagerarbeiter beschafft. Da Frank ja keinen Führerschein mehr besitzt, wohnt er nun seit Monaten in Dieters Apartment. Auf diese Weise kehrt nun bei uns zu Hause etwas mehr Ruhe ein. Am Wochenende kommt Frank heim. Der Job macht ihm Spaß. Er verdient Geld und kann damit seine Sucht bezahlen. Aber – er schläft hin und wieder am Arbeitsplatz ein, fährt zu schnell mit dem Gabelstapler um die Kurven, verletzt sich das Bein schwer. An einer gestapelten Papierpalette schneidet er sich mit dem Draht fast den Daumen ab, die Schnittwunde muss im Krankenhaus genäht werden und Frank wird für längere Zeit krankgeschrieben, der Job ist weg.

Auch in Dieters Wohnung nistet sich Lisa schnell ein. Sie geht nicht mehr regelmäßig in ihre Firma, feiert oft krank und will in Franks Nähe sein. Dieter kündigt sein Apartment, das mittlerweile zur Junkiebude verkommen ist: große Brandlöcher in der Schlafcouch und auf dem Teppichboden. Lisa mietet sich eine Dienstwohnung in der Nähe ihres Arbeitsplatzes. So hat auch Frank eine neue Bleibe.

Der Junkie in der Fußgängerzone

Ich will raus aus dem Alltag und fahre eines Tages mit dem Zug frühmorgens in die Großstadt. Beim mittäglichen Bummel sehe ich am Ende der Einkaufsstraße, dort wo sich immer die Junkies aufhalten, doch tatsächlich unseren Sohn stehen. Er trägt seinen verletzten Arm in einer Schiene und spricht gerade einen komischen Typen an. Dieser gibt ihm etwas und er gibt ihm rasch etwas zurück. Ich kann nicht genau sehen, was es ist. Schnell schiebt es Frank in seine Armschiene.

Geschwind laufe ich auf ihn zu und klopfe ihm von hinten auf die Schulter. „Hallo, Frank, was machst du denn hier?" Erschrocken sieht er mich an. Damit hat er nicht gerechnet. Bevor er antworten kann, frage ich ihn: „Hast du Hunger, wollen wir essen gehen oder hast du keine Zeit?" – „Doch ich habe Zeit, und ich freue mich, wenn du mit mir essen gehen möchtest." Ich stelle keine Fragen, wie z. B.: „Hast du hier auf der Szene Drogen verkauft oder gekauft?" Die Antwort wäre doch nur eine Lüge gewesen. Ich will mir den schönen Tag nicht verderben und ich genieße es einfach, ihn lebendig um mich zu haben und schaue zu, wie er mit großem Appetit sein Essen verschlingt. Ich erzähle von daheim, wie es seinem Vater geht und was die Hunde so treiben. Er hört ruhig zu, bedankt sich für das Mittagessen, verabschiedet sich mit einem Kuss von mir und verschwindet wieder in Richtung Szene.

Während ich auf dem Rückweg im Zug sitze, sinne ich nach: Warum tut er sich das alles nur an? Warum kann Frank nicht, wie so viele in seinem Alter auch, ein normales Leben führen? Was ist das für ein Leben? Das Leben ist so wunderschön, warum genießt er die Reichtümer des Lebens nicht und betäubt sich mit Drogen? Ich versuche, mich in Gedanken an Gott zu wenden, bitte ihn darum, dass er endlich eingreift und Frank zur Besinnung kommt und bereit wird, Hilfe anzunehmen.

Auf der Suche nach Auswegen

Polamidon

Damit wir unseren Sohn nicht total aus den Augen verlieren, besuchen wir ihn hin und wieder bei seiner Drogenfreundin Lisa, kaufen den beiden Lebensmittel und füllen den Kühlschrank auf. Geld bekommen sie nicht von uns. Der Gesundheitszustand der beiden wird zunehmend schlimmer. Ich will helfen, fühle mich aber hilflos und ohnmächtig. Ich hätte Frank liebend gern wieder ins Auto gesetzt und mit zu uns nach Hause genommen und ihn wieder aufgepäppelt „Nein! Das darfst du nicht, das hilft ihm nicht", sagt mir meine innere Stimme. „Er ist für sich selbst verantwortlich und muss selbst aus der Sucht aussteigen wollen", so haben wir das bei Herrn Mayer gelernt. Ich merke, dass Herz und Verstand einen unerbittlichen Kampf gegeneinander führen. Es ist gar nicht so einfach.

Doch etwas will ich tun. Ich spreche mit meinem Hausarzt, erzähle ihm die ganze Drogen-Story und von meinen Sorgen und Ängsten. „Es gibt da einen Kollegen, ganz in Ihrer Nähe, der substituiert* Heroinabhängige mit Polamidon. Rufen sie ihn an, der kann ihrem Sohn helfen."

Dr. Häberle ist am Telefon sehr freundlich und verspricht mir, Frank mit in das Programm aufzunehmen. Ich erzähle Frank von dem Arztgespräch. Zu meinem Erstaunen will er sich helfen lassen. Er hat von „Pola" schon gehört. Nur die Ärzte dort in seinem Wohnort nehmen keine Klienten mehr auf. Er ist einverstanden. Ich solle kommen und ihn abholen, aber bitte hundert Mark mitbringen, die er Lisa noch schulde.

Frank packt schnell ein paar Sachen in seine Sporttasche und lässt Lisa allein in ihrer Wohnung zurück, steigt zu mir ins Auto und fragt: „Kannst du noch kurz einen kleinen Umweg fahren, ich muss noch was erledigen?" Es dauert längere Zeit, bis er wieder erscheint. Auf der Heimfahrt fallen

---

* Statt Heroin erhält der Patient unter ärztlicher Kontrolle ein sogenanntes Substationsmittel, zum Beispiel das Medikament L-Polamidon.

ihm die Augen ständig zu, sein Kopf neigt sich langsam nach vorn. Mir ist das egal, Hauptsache er sitzt im Auto.

Bevor wir zur Arztpraxis fahren, soll ich noch kurz bei der Apotheke halten. Er öffnet die Tür, steigt aus, schwankt in die Apotheke, kommt bald wieder heraus und steigt zu mir ins Auto. „Was wolltest du denn da?" – „Ich habe meine Spritze abgegeben. Sie wird dort entsorgt."

Der Arzt betritt das Sprechzimmer, begrüßt uns freundlich, schaut sich Frank an, der mit seinem Oberkörper fast schräg auf dem Schreibtisch liegt. Ich trete Frank auf den Fuß. Er reagiert nicht, murmelt nur etwas vor sich hin. Dr. Häberle erklärt ihm den Substitutionsablauf. Frank soll täglich in seine Praxis kommen und dort dann sein Medikament Polamidon schlucken. Es werden hin und wieder Urinkontrollen verlangt, und er müsse in regelmäßigen Abständen zur Drogenberatungsstelle gehen. Das ist Bedingung.

„Oh, ich glaube, das hat mein Sohn jetzt nicht alles geschnallt." – „Doch, doch, das meint man nur, er hat schon alles mitbekommen." Mit unsicherer Schrift unterschreibt Frank den Substitutionsvertrag und trinkt danach zum ersten Mal Polamidon. Ich bin gespannt auf die Wirkung.

Tatsächlich geht es unserem Sohn schon nach einigen Tagen besser. Er bekommt einen klaren Kopf, wird wieder normal. Hat guten Appetit, nimmt zu. Er interessiert sich wieder für seine Familie und unsere Vierbeiner, geht sogar mit seinem Arzt auf eine Suchttagung und spricht über die positive Wirkung des Ersatzmittels. Ich höre zum ersten Mal aus seinem Mund, dass er mit Polamidon später ausschleichen (langsam herunterdosieren) möchte, um eine stationäre Therapie zu machen. Ich bin begeistert, dass Frank die Substitution als Chance zum Ausstieg nutzen will.

In seiner reichlich vorhandenen Freizeit beschäftigt sich Frank mit Modellautos. Geschickt bastelt er sie zusammen. Leider ein sehr teures Hobby, das ich bald nicht mehr unterstützen kann. Er muss sich einen Job suchen, aber ohne Führerschein? Ein großes Problem. In der Folgezeit nimmt er den einen oder anderen Ferienjob an.

Eines Tages fragt er mich, ob Lisa ihn besuchen darf. „Sie nimmt Heroin und du Polamidon – das geht nicht, auf keinen Fall." Ich lasse mich mal wieder überreden. Am gleichen Tag steht sie vor unserer Haustür. Abgehetzt, die Haare strähnig, der Blick müde. Lisa sieht zum Fürchten aus: um

Jahre gealtert und sehr mager. „Sie können mich durchsuchen, ich habe kein Heroin dabei." Sie schüttet sofort den Inhalt ihrer Handtasche auf unseren Tisch. Ich taste ihre Hosen- und Jackentaschen ab, will sicher gehen, dass sie wirklich keinen „Stoff" bei sich hat. Etwas später fragt mich Frank, ob Lisa wohl auch bei Dr. Häberle Polamidon bekommen könne. Ich sehe ein, dass sie Hilfe braucht. Sie tut mir leid und ich telefoniere mit Franks Arzt. „Sie kann heute Abend mit Frank in meine Praxis kommen."

Nun habe ich alles im „Doppelpack", das ist mir klar. Mit Lisas Auto fahren sie zum Arzt, um ihr Polamidon zu trinken. Somit bin ich wenigstens von den täglichen Arztfahrten entlastet. Auch Lisa erholt sich recht schnell und lässt sich für eine längere Zeit krankschreiben. Ich gehe mit ihr zum Friseur. Ihre langen blonden Haare bekommen einen flotten Stufenschnitt und ein paar Strähnen. Mit etwas Schminke im Gesicht sieht sie sogar hübsch aus. Hin und wieder laden wir die beiden abends zum Essen ein. Vertrauensvoll erzählt mir Lisa Geschichten aus ihrer Vergangenheit. Ich höre ihr gespannt zu.

Skiurlaub in den Walliser Alpen

Einen Tag vor unserem Skiurlaub in der Schweiz fahre ich zu Dr. Häberle, um die Palette mit den Reagenzröhrchen Pola abzuholen. Er gibt sie mir persönlich und wünscht mir und meiner Familie erholsame Urlaubstage. Unser Schwiegersohn in spe besitzt im Wallis ein schönes Ferienblockhaus. Da Richard Arzt ist und wir alle zusammen Skiurlaub mit der Familie machen wollen, bekomme ich die Medikamente ohne Probleme.

Auf der Hinfahrt durch die Schweiz herrscht nasskaltes, nebliges Nieselwetter. Mit unserem VW-Bus müssen wir auf einem Autozug durch den Lötschbergtunnel fahren. Nach langer, holpriger Zugfahrt blenden uns beim Verlassen des Tunnels grelle Sonnenstrahlen und blauer Himmel. „Wow! Das ist es! Mama, genau so ist der Kick! So musst du ihn dir vorstellen!", schreit Frank auf einmal im Bus vor lauter Freude. Wir alle sind total begeistert. Auch ich spüre in diesem Moment ein Glücksgefühl. Die verschneiten Alpen, die grünen Wiesen, der wolkenlose Himmel, die Wärme der Sonnenstrahlen in der herrlichen Landschaft. Unglaublich schön! Eine andere Welt. Die Leute tragen kurze Hosen, es ist bald Ostern. Wir lachen und freuen uns alle auf die kommenden schönen Urlaubstage.

Jeden Morgen, wenn wir die Fensterläden öffnen, begrüßt uns das schneebedeckte Matterhorn. Der Frühstückstisch für die Familie wird liebevoll von Frank gedeckt. Er kann es kaum erwarten, auf die Piste zu kommen. Mit seiner neuen Skiausrüstung sieht er toll aus. Es macht uns Spaß, oben auf der Sonnenterrasse in der Nähe des Skilifts zu sitzen und die *Kinder* im flockigen Pulverschnee hinunterwedeln zu sehen. Lisa genießt die Tage zumeist oben am Skihang auf der Terrasse beim Sonnen. Dieter und ich machen mit unseren Hunden schöne Schneewanderungen. Abends wird dann von Richard der Kamin angezündet, an dem wir uns alle aufwärmen. Vor dem Abendessen müssen Lisa und Frank ihr Pola, gemischt mit Orangensaft, unter meiner Aufsicht trinken. Während des Essens treten Frank nach einer halben Stunde Schweißperlen auf seiner Stirn: Das Pola beginnt zu wirken.

In seine warme Wolldecke dick eingepackt bei den abendlichen kalten Temperaturen sitzt unser Sohn noch lange Zeit auf dem Holzbalkon und schaut sich die mächtigen, schneebedeckten Berge und den Sternenhimmel an. „Es geht mir richtig gut. Hier herrscht die große Stille, die zur Besinnung führt. Ein Ort, an dem Drogen keine Rolle spielen. Ich könnte mir vorstellen, hier oben eine Weile zu bleiben. Hier ist die Welt noch in Ordnung."

Methadon statt Polamidon

Vom Skiurlaub zurück, gammeln Frank und Lisa, wieder den ganzen Tag im Zimmer herum. Schlafen bis in die Puppen und der Fernseher läuft die ganze Nacht. Ihr Pola-Trinken versäumen sie aber nicht; die regelmäßigen Gespräche mit ihrem Drogenberater nehmen sie auch wahr. Doch das war es dann auch schon.

Eines Abends, als sie wieder von ihrem Arztbesuch zurückkommen, sind beide in heller Aufregung: „Wir bekommen ab sofort kein Pola mehr verschrieben, nur noch Methadon. Dr. Häberle sagte uns, das habe die gleiche Wirkung, das glauben wir aber nicht. Methadon ist bestimmt viel schwächer, die wollen damit doch nur Geld sparen." Tage später verlassen Frank und Lisa schon vormittags das Haus und fahren täglich wieder auf Tour. Ich bekomme das Gefühl, dass sie vielleicht doch recht haben. Methadon ist schwächer als Polamidon. War das Methadon nicht richtig dosiert und sind sie deshalb wieder auf Beschaffungsfahrt?

Frank in Wittichen

Das Gespräch mit dem Arzt der beiden ist mir sehr wichtig. Frank hat den Arzt von seiner Schweigepflicht mir gegenüber entbunden. Ich frage nach dem Gesundheitszustand. „Die Urinkontrollen sind nicht in Ordnung. Immer wieder Beikonsum mit Heroin, obwohl das Methadon ausreichen müsste. Ihr Sohn hat Hepatitis C und B. Wenn er so weitermacht, kann ich für nichts mehr garantieren. Er muss etwas tun. Das Beste wäre eine Entgiftung mit anschließender stationärer Therapie. Ich arbeite mit der Fachklinik Wittichen zusammen. Dort soll Frank sich telefonisch zur Entgiftung anmelden, vorher aber mit seinem Drogenberater sprechen, der eine geeignete Langzeit-Therapieeinrichtung aussuchen muss. Bis zur Entgiftung wird er weiter von mir mit Methadon substituiert. Ich werde mit ihrem Sohn reden."

Die Fachklinik Wittichen, eine Entzugsklinik für Drogenabhängige, liegt im nördlichen Schwarzwald, eine wunderschöne Urlaubsgegend. Hier wird nach den Prinzipien des ganzheitlichen Entzugs behandelt. Das heißt, es werden zur Linderung der Entzugssymptome diverse Körperbehandlungen wie Fango, Entspannungsbäder, Fußreflexzonen-Massagen, Akupunktur, Leberwickel mit warmem Schafgarbensud angeboten. Ziele sind unter anderem Entgiftung, den Körper wieder in einen ausgeglichenen Zustand bringen, körperlich erholen, Kraft schöpfen, mit klarem Kopf über die eigene Lebenssituation nachdenken.

Unten im Tal, am Bahnhof, wird unser Sohn von einem Zivi abgeholt, der ihn zur Einrichtung auf dem Berg fährt. Lisa kehrt lieber wieder in ihre Wohnung zurück. Wir haben große Hoffnung, dass Frank die Entgiftung durchhält. Nach drei Tagen, immerhin Clean-Tagen, haut er wieder ab. Zu unserer Enttäuschung hat er sich anders entschieden. Hatte Lisa ihn dazu am Telefon überredet? Wie dem auch sei, er steigt in einen Tankwagen, der die Klinik mit Heizöl beliefert. Der Fahrer nimmt unsern Sohn mit. Der rauschende Bach mache ihn nervös. „Da kann man doch nicht schlafen!" Dr. Häberle substituiert Frank weiter.

„Zwerg Kretschmann"

Kretschmann, so nennen ihn alle, heißt eigentlich Thorsten Kretschmann. Ein kleiner, damals 25-jähriger junger Mann, Maurer von Beruf, der nicht mehr zu Hause wohnte, weil ihn seine Leute rausgeworfen haben. Sein Hab und Gut trägt er im Rucksack mit sich umher und sucht bei den Junkies Unterschlupf. Er ist in erster Linie Kiffer, holt sich Cannabis aus Holland und verkauft es hier im Ort. Der kleine Kretschmann ist mit Frank gut befreundet. Es gefällt ihm, bei uns in der Einliegerwohnung manchmal zu übernachten. Hin und wieder gibt es da ja auch etwas zu essen. Frank genießt seine Anwesenheit und bedient ihn mal mit Schnittchen oder Pizza.

Am Heiligabend, als ich für die Familie den Tisch schön gedeckt habe und wir gerade Schäufele mit Kartoffelsalat essen wollen, fragt Frank: „Thorsten ist unten im Zimmer, darf ich ihm eine Portion herunterbringen?" – „Was, an Heiligabend ist er nicht bei seinen Eltern oder Geschwistern? Das ist aber traurig. Hol ihn herauf, er muss dort unten nicht allein essen."

Unser überraschter Besuch strahlt übers ganze Gesicht, als er den schönen, festlich gedeckten Esstisch mit dem badischen Schäufele und dem schwäbischen Kartoffelsalat sieht. Er wünscht uns allen frohe Weihnachten, bedankt sich für die Einladung und ist glücklich. Für ihn ist es bestimmt das schönste Weihnachtsgeschenk, am Heiligabend nicht allein zu sein.

Lange Zeit sehen wir Torsten Kretschmann nicht mehr. Keiner weiß so recht, wo er steckt. Bis eines Tages das Telefon klingelt. „Hallo, ich bin's, Torsten Kretschmann. Ich wollte mich mal melden. Bin hier in Salem in der Langzeittherapie, hatte Druck von der Behörde und wollte fragen, ob ich am Wochenende kurz Frank besuchen kann. Mein Bruder heiratet und ich bin in der Nähe."

Kretschmann sieht sehr gut aus. Er ist in Begleitung eines Betreuers. Beide sprechen wie Therapeuten auf Frank ein. Er solle sich die „Sieben Zwerge" unbedingt einmal ansehen. Bald sei wieder ein Tag der offenen Tür und eine Theateraufführung mit den Klienten als Schauspielern. Er lädt uns alle ein. Frank verspricht zu kommen. Ich bin erstaunt.

Wir drei, Frank, Lisa und ich, fahren zu der anthroposophischen Heilstätte für Drogenabhängige in Salem-Oberstenweiler „Sieben Zwerge". Der kleine Kretschmann wartet schon freudig auf uns. Eine schöne Anlage, direkt am Waldrand. Wir gehen zu den Blockhütten, von denen er eine bewohnt. Gummischuhe stehen überall vor den Hütten. In der Hütte sieht es gemütlich aus, hier wohnt er in der ersten Zeit. Wir gehen weiter zu dem Stall mit den vielen Kühen. Kretschmann kennt sie alle mit Namen und zeigt uns seine Lieblingskuh. Wir bewundern die Gärtnerei, die Tischlerwerkstatt, die schmiedeeisernen Produkte, wie Lampen und Leuchter. Es gibt noch eine Käserei und Molkerei. Wir besuchen einen der Neubauten mit ihren modern eingerichteten Küchen sowie dem Ess- und Wohnbereich der Klienten. Alles umgeben von einer märchenhaften Landschaft oberhalb des Bodensees.

Das Theaterstück, in dem unser „Zwerg Kretschmann" in einer kleinen Rolle mitspielt, gefällt dem Publikum. Großer Beifall. Den jungen, hübschen Mädchen sieht man es nicht an, dass sie jemals drogenabhängig waren. So schön und rein wie Schneewittchen aus dem Märchenland stehen sie auf der Bühne. Frank und Lisa bekommen zum ersten Mal einen Eindruck von einer Therapieeinrichtung. In mir glimmt ein kleiner Hoffnungsschimmer.

Wochen später besucht uns Kretschmann wieder. Diesmal kommt er allein und bringt aus der Käserei ein großes Stück Käse zum Probieren mit. Mir schenkt er sein erstes, selbst gefertigtes, hübsches Holzkästchen mit geschnitztem Deckel. Seine Therapie ist beendet, er will in die Wohngemeinschaft ziehen und eine Schreinerlehre in der Lehrwerkstatt machen. Seine neu entdeckte Leidenschaft zum Holz möchte er unbedingt zu seinem Beruf machen.

Dann aber wird es still um ihn, kein Anruf, kein Lebenszeichen! Später erfahren wir: Thorsten lag tot in seiner Wohnung, gestorben an einer Überdosis Heroin, mit 27 Jahren. Die Umschulung vom Maurer zum Schreiner wurde ihm nicht bewilligt. Er wurde rückfällig. Als traurige Erinnerung ist mir sein hübsches Holzkästchen geblieben, es hat einen Ehrenplatz bekommen.

Die Kripo im Haus

Sonntag. Frühmorgens klingelt es an unserer Haustür. Ich schaue durch den Spion. Oh Gott, schon wieder unangenehmer Besuch von der Kripo. Aufgeregt stürze ich die Treppen hinunter zur unteren Wohnung, reiße die Zimmertür auf, wecke zuerst Lisa, dann Frank. „Aufstehen, sofort aufwachen! Die Kripo steht vor der Tür!" Ich ziehe die Oberbetten weg, rüttle an ihnen und renne wieder nach oben. „Wer ist da?" – „Die Kriminalpolizei." Als ich aufschließe, stehen zwei mir bekannte Beamte vor der Tür. Ein dritter Beamter läuft eilig um unser Haus herum, er scheint etwas zu suchen. Mir zittern die Beine.

„Was ist denn los?" – „Guten Morgen, Kriminalpolizei. Sind Ihr Sohn Frank und seine Freundin Lisa im Haus?" Die beiden Beamten betreten das Zimmer, Lisa ist schon auf, Frank liegt noch im Bett. „Los, los, anziehen, wir müssen Sie mitnehmen." – „Hey, was wollt ihr von uns? Wir haben doch nichts gemacht." Lisa zündet sich aufgeregt eine Zigarette an. „Das wird sich noch rausstellen, wir haben keine Zeit, machen Sie schon!"

Frank ist voll auf Heroin und Lisa ebenso. Gerade wollen die Beamten die beiden durch die untere Tür abführen, als der kleine Lukas, Lisas Sohn, der dieses Wochenende bei uns im Haus verbringt und oben geschlafen hat, die Treppe herunterkommt. Er ist durch die Unruhe im Haus wach geworden und schreit: „Mama, was machen die Männer mit dir, wo bringen die dich hin?" Ich halte ihn fest, aber er reißt sich wieder los, schreit und weint. „Lasst meine Mama los!" Er läuft zu den Beamten und schlägt auf einen der Männer ein. „Ihr dürft mir meine Mama nicht wegnehmen, lasst sie hier." – „Das geht leider nicht, sie muss mit aufs Revier", sagt der Kripobeamte. „Dann will ich auch mitkommen. Nehmt mich mit! Mama, Mama! Bitte, ich will mit!" Mit Müh und Not kann ich den Kleinen, der total unter Schock steht, beruhigen. Was muss dieses arme Kind denn noch alles ertragen mit seiner drogensüchtigen Mutter? Ich nehme ihn ganz fest in meine Arme, trockne seine Tränen und sage: „Lukas, deine Mama kommt bald wieder, hab` keine Angst, wir sind ja bei dir. Es wird alles gut."

Lisa und Frank hatten einen Abend zuvor Heroin in eine Wohnung geliefert. Junkies, die sich dort treffen, spritzten sich den mitgebrachten „guten Stoff". Ein Junkie wachte nicht mehr auf, starb an einer Überdosis. Nach dem Verhör werden Frank und Lisa wieder freigelassen. Lukas weint vor Freude, als er seine geliebte Mutter wieder bei sich hat. Frank macht Stress, ist in einer schlimmen Verfassung und sucht verzweifelt etwas in seinem Zimmer. Lisa meint nur: „Was du suchst, gibt es nicht mehr. Ich hab` es ins Klo geworfen und weggespült, bevor die Kripo ins Zimmer kam." – „Was hast du gemacht? Den guten, teuren „Stoff" so einfach weggespült! Bist du wahnsinnig? Hättest ihn doch woanders verstecken können! Bist du blöd! Sch..."

Als sich alle später beruhigt haben, spreche ich Lisa an: „So kann das hier nicht weitergehen. Denk mal an dein Kind. Wir dulden keine Drogen in unserem Haus und schon gar nicht den Besuch der Kripo. Bei dieser Sache hängst du ja jetzt auch ganz schön mit drin. Hoffentlich hast du einen guten Anwalt." – „Meinen Führerschein haben sie mir auch abgenommen. Morgen rufe ich meinen Rechtsanwalt an", jammert Lisa nur vor sich hin. Jetzt sind sie beide ohne Führerschein und ich fahre wieder täglich zum Arzt, damit sie ihr Methadon schlucken können. Sie müssen es ja nehmen. Es muss sich etwas ändern das ist klar, so schnell wie nur irgend möglich.

Besuch in einer Fachklinik

Durch Lisas Drogenberater, den sie nun in ihrer Stadt aufsucht, weil sie Angst vor ihrer bevorstehenden Gerichtsverhandlung hat, weiß sie, dass es im Nordschwarzwald eine neue Fachklinik für Drogenabhängige gibt. Da sie ja nur eine Kurzzeittherapie machen will und diese Einrichtung das anbietet, fahre ich sie hin. Frank begleitet uns, will auch für sich mal schauen.

Das Haus steht am Ende des Dorfes. Es wird dort noch viel umgebaut. Einige Klienten begrüßen uns. Wir besuchen nur das Männerhaus. Das Frauenhaus ist nicht belegt. Bei einer Paartherapie, wie Lisa es beabsichtigt, darf der Partner erst vier Wochen später aufgenommen werden. Die Zimmer sind nett eingerichtet. Lisa ist begeistert. Frank schweigt.

Auf der Rückfahrt durch den Schwarzwald diskutieren wir viel, sodass ich eine Verschnaufpause einlege. In einer netten gemütlichen Schwarzwaldstube essen wir zu Abend. Ich hoffe so sehr auf die neue Fachklinik. Am anderen Tag will ich von meinem Sohn wissen: „Sag mal, Frank, wäre das nicht die richtige Therapieeinrichtung für euch?" – „Therapie, ich höre nur noch Therapie. Ich brauche keine Therapie. Und ich mache auch keine!" Somit geht Lisa auch nicht in die Therapie.

Einen zweiten Anlauf für eine Methadon-Entgiftung, diesmal zusammen mit Lisa, hätte Frank wahrscheinlich länger ausgehalten als damals in Wittichen, wenn Lisa ihn nicht am dritten Tag überredet hätte, die Entzugsklinik zu verlassen. Allein und ohne sie wollte er das nicht durchziehen.

Monate später fordern mein Mann und ich Frank nochmals auf, zur Entzugsbehandlung zu gehen, sprechen sehr ruhig und sachlich mit ihm: „Wir denken, dass wir es gemeinsam schaffen können, dein Problem in den Griff zu bekommen und wir fänden es toll, wenn du es noch einmal ausprobieren würdest." Frank willigt ein. Er will sich allein auf der Station anmelden. „Ich bin kein kleines Kind mehr." Mein Mann und ich warten noch eine Weile im Auto auf dem Parkplatz, Frank kommt nicht zurück. Nach ein paar Tagen rufe ich in der Klinik an. „Es tut uns leid, Ihr Sohn ist nicht bei uns erschienen."

Mittlerweile kommt die Zeit, wo wir immer häufiger wütend werden, die Wut verschwindet nicht einfach, sie nistet sich in tiefen Schichten ein. Irgendwann gewinne ich den Eindruck, dass die Lage für mich schlimmer wird, wenn meine Gedanken dauernd um Frank und die Drogen kreisen.

Der Elternkreis

Ich bin gestresst und mir ist alles zu viel. Ich bin am Ende. Ich brauche Hilfe, ganz dringend. Bei der letzten Hausdurchsuchung empfahl mir ein netter Kripobeamter, mich einer Elterngruppe anzuschließen. Hilfe für Eltern? Unglaublich. So eine Gruppe suche ich schon seit Langem. Ich fahre hin, obschon sie 60 Kilometer entfernt ist. Pünktlich komme ich zu dem vereinbarten Termin in die Drogenberatungsstelle. Die Drogenberaterin, eine jüngere, freundliche Frau, führt mich in den Gruppenraum. In einem Stuhlkreis sitzen einige Mütter und drei Väter, so um die fünfzig, gut gekleidet. Sie sehen nett aus, man hätte sie gerne als Nachbarn, ja vielleicht sogar als Freunde. Nach einer kurzen Vorstellungsrunde frage ich ungeduldig: „Habt ihr nicht ein Rezept für mich, das auch tatsächlich wirksam ist? Es soll endlich vorbei sein, das mit den Drogen bei meinem Sohn."

„Leider haben wir keine Patentlösung für dich", antwortet eine Teilnehmerin, „wir sitzen alle im gleichen Boot. Erst einmal muss man sich Hilfe suchen, um sich selbst helfen zu können. Indem du hierher in den Elternkreis gekommen bist, hast du damit schon begonnen. Schön, dass du da bist."

Ein Vater, ein „alter Hase" erklärt: „Wir treffen uns hier, um für unsere Probleme gemeinsam eine Möglichkeit zu suchen, damit wir aus dem Teufelskreis herauskommen. Wenn du offen bist und dein Problem, so wie es sich dir stellt, auf den Tisch legst, findest du am ehesten Hilfe. Durch offene Gespräche mit den anderen betroffenen Eltern fühlst du dich nicht allein gelassen, eher gestützt und gestärkt."

Eine Frau beginnt von ihren beiden Söhnen zu erzählen. Der eine sitzt im Gefängnis und kommt nach drei Jahren Haft bald nach Hause. Sie hat Angst davor, wenn er wieder vor ihrer Tür steht. Ihr anderer Sohn machte eine Langzeittherapie, bekam wieder einen Job und eine Freundin. Er war zwei Jahre clean und ist wieder rückfällig geworden.

Oh Schreck, denke ich, das Leben dieser Mutter ist noch dramatischer als meines. Zwei Kinder mit Drogenproblemen. Wie hält sie das nur aus? Ich habe immer geglaubt, dass ich das größte Problem mit meinem Sohn habe und es mich besonders trifft. Jetzt sitzen da Mütter bzw. Eltern mit denselben Problemen, die es noch härter getroffen hat. Auch sie erleben tagtäglich Angst, Enttäuschung und Zorn und sitzen auf einem dicken Bündel Elend und plagen sich mit Schuldgefühlen. Sie sprechen mir aus der Seele. Nur zu gut kann ich sie verstehen.

Nun berichte ich meine erlebte und durchlittene Geschichte mit meinem Sohn. Es ist ganz still im Raum. Etwas nervös bin ich schon. Doch dann sprudelt es aus mir heraus und ich bemerke auf einmal eine große Erleichterung. Ich bin wie befreit, als ich mir meinen Kummer von der Seele reden kann. Denn diese Menschen hören mir aufmerksam zu und unterbrechen mich nicht. Danach geht es mir richtig gut. Ich bin etwas getröstet, etwas erleichtert und tief beeindruckt. Ich werde wiederkommen.

Am nächsten Gruppenabend begleitet uns die Drogenberaterin weiter. Sie gibt sich viel Mühe, klärt uns über die Suchtmittel und ihre Wirkungen auf. Begriffe wie Co-Abhängigkeit, Grenzen setzen und Loslassen werden an den Berichten der einzelnen Teilnehmer verdeutlicht. Sie weist uns darauf hin, dass wir uns verändern müssen. Dadurch würden wir der negativen Lebenseinstellung des Abhängigen eine positive Lebenseinstellung gegenüberstellen. Das klingt verwirrend. Es geht doch meiner Meinung nach um unsere Kinder und für die tun wir „grad" schon genug. Jetzt sollen wir uns verändern, und was ist mit unseren Kindern? Wir sollen für uns etwas tun? Nun, das ist leicht gesagt, aber wie sollen wir das schaffen? Tag für Tag erleben wir zu Haus das Drogendilemma, gehen durch die Seelenhölle und sitzen in der Falle – der sogenannten „Beziehungsfalle".

„Bei mir läuft nichts mehr normal", berichtet eine Mutter. „Es ist immer das selbe. Ich helfe meinem süchtigen Sohn ständig wieder aus der Patsche, erledige für ihn Dinge, obwohl er selbst dazu imstande wäre: Ich fahre ihn überall hin, weil er kein Auto mehr hat, wecke ihn morgens, damit er nicht verschläft, entschuldige ihn für sein Nichtkommen, wenn er einen Termin versäumt. Sobald mein Sohn mit dem Satz anfängt: „Mama kannst du mal ...", springe ich. Ich denke schon für ihn mit, ja, ich überlege und plane für ihn im Voraus. Ein Vollzeitjob! Ich tue etwas, was ich eigentlich nicht will und fühle mich schlecht dabei!"

„Durch diese co-abhängigen Verhaltensweisen gerät man zum Kompagnon bzw. zum Handelsgenossen des abhängigen Kindes", erklärt uns die Drogenberaterin. „Eltern erfüllen nicht nur die Bedürfnisse ihrer Kinder, sie nehmen sie auch vorweg. Sie helfen nicht, das Problem zu beseitigen, sondern erleichtern ihrem Kind das Leben in der Sucht. Dadurch verstärken Sie den Zustand eher und verlängern ihn noch zusätzlich. Eigentlich ist die Co-Abhängigkeit eine heimliche Unterstützung der Sucht." - Ah ...! Nach und nach werden mir Zusammenhänge klar.

Alle zwei Wochen besuche ich nun den Elternkreis und freue mich jedes Mal schon auf das nächste Treffen. Diesen Erfahrungsaustausch mit anderen Betroffenen hätte ich mir, wie gesagt, schon einige Jahre früher gewünscht. Es ist ein Kreis zum Wohlfühlen, ein Abend, an dem ich Kraft schöpfe, eine Gruppe, wo wir unsere Erfahrungen austauschen und auch manchmal sogar lachen können. Sie stärkt mir den Rücken für mein verändertes, neuerdings auch konsequenteres Verhalten. Ich lerne in kleinen Schritten die Grundbegriffe, die ich aus der Selbsthilfegruppe immer mal wieder als Hausaufgabe bekomme, in die Praxis umzusetzen.

Der Prozess meiner persönlichen Veränderung ist ein zermürbendes ständiges Hin und Her. Ich will alles gleich beim ersten Mal „richtig" machen. Das klappt nur nicht auf Anhieb. Dieser Selbstveränderungskram klingt gut, aber bei mir wird das nie funktionieren, denke ich. Obwohl ich Probleme mit dem Durchhalten habe und meine, das schaffe ich nie, obwohl ich häufiger genau so schnell wieder aufhöre, wie ich angefangen habe, probiere ich versuchsweise die Methode der Selbstveränderung immer wieder aus. „Ich will an mich selbst denken", sage ich mir nun, „will wieder leben lernen und mir mehr Zeit nehmen für mich, meine Seele baumeln lassen, Pläne schmieden. Ich werde mein Lieblingsbuch nehmen und abtauchen. Ich gehe in die Pilze, nehme Körbchen und Messer mit und, und, und ..." Auf jeden Fall habe ich vor, nicht mehr an meinen alten Gewohnheiten festzuhalten. So will ich mich nun auch nicht mehr für das Verhalten meines Sohnes verantwortlich fühlen und mir, auch wenn etwas schief läuft, keine Schuldgefühle mehr aufladen. Das Vorbild der „alten Hasen", bei denen ein solches Verhalten Erfolg brachte, stützt mich, gibt mir Mut und Sicherheit auf dem eingeschlagenen Weg fortzufahren.

Bei dem Lernprozess „Nein sagen" befürchte ich wieder Schuldgefühle zu bekommen. „Nein, du bekommst kein Geld" – das ist so einfach ausgesprochen und doch so schwer durchzustehen. Nach einem Nein folgen vorerst zwei Ja, so als Faustregel. Ich gebe keine langen Erklärungen für meine Entscheidungen ab. Kurz und knapp: – „Nein." Und? Es klappt! Ich erlebe, mein Nein wird ernst genommen! Das stärkt wiederum mein Selbstwertgefühl. Danach kann ich viel öfter Nein sagen, wenn ich Nein meine – natürlich freundlich. Und? Ich fühle mich nicht schlecht dabei!

So lerne ich, erst gar keine leeren Drohungen mehr auszusprechen. Hatte ich doch vorher in aggressiven Auseinandersetzungen meinem Sohn Konsequenzen angekündigt, die ich letztlich nicht einhalten konnte oder wollte. „Wenn du jetzt nicht aufhörst mit dem Zeug, schmeiße ich dich aus dem Haus!", warf ich ihm mehrfach an den Kopf. Da ich allerdings nicht zu dem stand, was ich sagte, verloren meine Worte an Bedeutung für ihn, frei nach dem Motte: „Lass sie mal reden, es geschieht ja doch nichts."

Natürlich möchte ich jetzt, wo ich regelmäßig in die Elterngruppe gehe, Erfolg bei meinem Sohn sehen. Doch der bleibt aus. „Von Entgiftung und Therapie will er nach wie vor nichts wissen", klage ich einmal mein Leid. „Den halben Tag liegt er im Bett. Der Rollladen wird erst am Mittag hochgezogen. Sein Vater schuftet sich ab, geht arbeiten und er hockt gemütlich in seinem Zimmer, während der Fernseher ständig läuft. Die Beziehung zu meinem Sohn ist nach wie vor eine ziemlich einseitige und brüchige Angelegenheit!"

„Warum sollte sich dein Sohn auch ändern? Es geht ihm doch gut bei dir. Er hat doch alles, was er braucht. Ein Dach über dem Kopf, ein warmes Zimmer, Essen und Trinken sowie saubere, gebügelte Wäsche. Warum sollte er sich ändern und in eine Therapie gehen? Sag mir einen Grund", fordert mich eine Mutter heraus. Sie zwingt mich dadurch, mir die Gedankenwelt meines Sohnes einmal vor Augen zu führen. Eigentlich weiß ich das schon länger, will es aber einfach nicht wahrhaben.

Eine andere Mutter entgegnet: „Hilf ihm, indem du ihm nicht hilfst. Ich an deiner Stelle würde es meinen Sohn so ungemütlich wie nur möglich machen. Er muss seine Wäsche selbst waschen. Wenn er Hunger verspürt, soll er sich selbst etwas kochen. Wenn er die Mahlzeiten verschläft, hat er eben Pech gehabt. Versuch es einmal so. Bei meinem Sohn hatte ich damit Erfolg."

Die Mütter haben recht. Mit der Co-Abhängigkeit habe ich eben so meine Schwierigkeit. Ich will endlich das Gefühl loswerden, nur noch auf der Stelle zu treten, bin fest entschlossen, bei mir etwas zu verändern und hoffe sehr, dass es funktioniert. Anfangs „vermassele" ich vieles, bin verwirrt und ärgere mich. Doch ich übe, übe, übe. Mit der Zeit werde ich mir dadurch meines eigenen Verhaltens immer bewusster und mache weniger Fehler.

Schrittweise geht es mir an jedem Tag und in jeder Hinsicht besser und besser.

Ich merke: So ist unsereins auf die Hilfe anderer angewiesen, so bekommt jeder Hilfe im Elternkreis und reicht Hilfe weiter. Das gibt uns mehr und mehr Sicherheit im Umgang mit unseren suchtkranken Kindern. Was hatte einer der „alten Hasen" zu Anfang gesagt? „Wenn man sich erst einmal entschlossen hat, anderen betroffenen Eltern zu helfen, gibt es kein Zurück mehr." Hier in der Gruppe betrete ich eine ganz neue Welt.

Letzte Chance Turboentzug

Spät abends sehe ich eines Tages im Fernsehen eine interessante Reportage über Drogensucht und Drogenentzug. In Israel wurde eine heroinabhängige deutsche Frau von einem Fernsehteam zu einer Entzugsklinik begleitet. Die Ärzte spritzten ihr ein Medikament. Entzugserscheinungen bemerkte die Patientin nicht, da sie einige Stunden in einen Tiefschlaf versetzt wurde. Nach drei bis vier Tagen wurde sie entlassen und war clean. Danach musste sie weiter ein Medikament einnehmen.

Ich bin total begeistert, mir schießt der Gedanke durch den Kopf, dass das doch etwas für Frank wäre, der ja nicht leiden will. Aber wo ist dieses Krankenhaus in Israel? Ich rufe am nächsten Tag beim deutschen Konsulat in Israel an, berichte einem Herrn von der interessanten Fernsehsendung, will wissen, ob er in Israel davon schon gehört hat, und erzähle ihm von meinem heroinsüchtigen Sohn. Der Mann ist sehr freundlich und bedauert mein Schicksal. Er hat auch davon gehört, will sich kundig machen und mir bald Bescheid geben. Nach einer Woche meldet sich das Konsulat und bedauert sehr, dass man dort Frank leider nicht helfen kann, weil die ganze Sache zu schwierig und zu umständlich wäre und wünscht mir und meinem Sohn alles Gute.

Einige Monate später erfahre ich, dass es auch in Deutschland ein Pilotprojekt „Drogenentzug unter Tiefschlaf", den sogenannten „Turboentzug", gibt, in München. Ich erzähle Frank ganz aufgeregt davon. „Turboentzug hört sich gut an, das würde ich wohl machen", kommentiert er. Gesagt, getan – voller Euphorie bespreche ich Franks Vorhaben mit der Krankenkasse und tatsächlich, sie bewilligt diese Behandlung, die fünftausend Mark kosten soll. „Wenn es der Gesundheit des Patienten dient." Schon bald bekommt er einen Termin für ein Gespräch im Münchener Krankenhaus. Da er mich gern mitnehmen will, fahren wir zusammen mit dem Zug dorthin.

Im Wartezimmer sitzt ein junger, blasser Mann, der ebenfalls in Begleitung seiner Mutter ist. Die jungen Männer kommen schnell ins Gespräch. Er heißt Stefan, wohnt nahe München und wird ebenfalls mit Methadon substituiert. Als die beiden zur Vorbesprechung der Behandlung aufgerufen werden, unterhalten wir Mütter uns ausgiebig über die Suchtprobleme unserer Kinder und hoffen sehr auf eine baldige Genesung durch diese neuartige Behandlung im Tiefschlaf. Irgendwie erleichtert gehen wir noch anschließend zum Kaffeetrinken und tauschen dabei unsere Adressen und Telefonnummern aus. Stefan und Frank werden auf die Warteliste gesetzt und hoffen, in fünf oder sechs Tagen zusammen den Entzug machen zu können.

Aber es kommt anders: Frank bekommt nach drei Tagen morgens einen Anruf, er solle am späten Nachmittag schon eintreffen, da ein Patient abgesagt hat. „Das war bestimmt der Stefan, der Feigling. Gleich soll ich kommen. Das ist mir zu früh. Die haben mir gesagt, in fünf oder sechs Tagen und nicht schon nach drei Tagen. Heute fahre ich nicht." Ich rede ihm gut zu" „Du musst ja nicht in den Krieg. Die Entgiftung ist doch nicht so schlimm. Wenn du sie jetzt machst, hast du sie schnell hinter dir und du brauchst nicht mehr lange zu warten. Komm, lass uns packen und fahren." – „Erst muss ich aber noch Lisa anrufen." Das Telefongespräch dauert und dauert. Als ich endlich meinen Sohn im Auto habe, meint er: „Ich fahre nur mit, wenn ich mich noch von Lisa verabschieden kann." Der Zug nach München fährt jede Stunde. Das würden wir also noch schaffen.

Die Verabschiedung von Lisa nimmt eine Ewigkeit in Anspruch. Frank steigt wieder ins Auto, wo ich schon ungeduldig auf ihn warte. Mich bedrängen große Bedenken, dass er es sich wieder anders überlegt. Natürlich merke ich sofort, dass er Heroin genommen hat. Mir ist es egal, der wird ja bald entgiftet.

Der Zug fährt mittags ab. Da wir noch nichts gegessen haben, gehen wir in den Speisewagen und essen etwas. Appetit habe ich nicht, ich bin viel zu aufgeregt. Frank verschlingt sein Essen in Null-Komma-Nichts. Mir kommt die Zugfahrt endlos lang vor. Ein paar Mal geht mein Sohn während der Fahrt zur Toilette und kommt dann „zugeknallt" wieder zu seinem Platz zurück. Einmal renne ich hinter ihm her, da ich annehme, er werde in Augsburg aussteigen.

Im Münchner Hauptbahnhof wimmelt es vor Menschen. Damit er mir nicht verloren geht, bleibe ich ihm dicht auf den Fersen. Doch plötzlich ist er trotzdem verschwunden, nicht mehr zu sehen. Ich stehe allein auf dem Bahnhof und kann es nicht fassen. „Wo treibt der sich rum? Besorgt er sich schon wieder das Zeug? Hat er nicht schon genug intus?" Ich bin ziemlich sauer und enttäuscht und habe eine ohnmächtige Wut im Bauch. Doch plötzlich steht Frank wieder vor mir. „Wo warst du?", frage ich ihn erleichtert. „Ich hab mit Lisa telefoniert." – „Komm, wir müssen doch zur S-Bahn, die kann gleich kommen." Schnell rennen wir die Treppe runter. Ein paar Minuten haben wir noch Zeit. Erschöpft setze ich mich auf eine Bank, Frank setzt sich neben mich. „Ich weiß gar nicht, warum ich hier eigentlich bin. So schlimm ist es doch nicht mit mir, oder?" – „Doch, Frank, es ist sehr schlimm mit dir. Du bist krank und brauchst Hilfe. Nutze die Chance, dich von deiner Sucht zu verabschieden trotz deiner Angst und Zweifel. Jetzt ist die Zeit dafür da. Aber werde dir darüber klar, dass ich dir nicht mehr helfen kann, falls du wieder Drogen nimmst. Dann bin ich nicht mehr für dich da. Dann müssen wir uns trennen und du musst ausziehen." Nach einer Pause bemerkt er: „Na ja, ich tue das für Nadine, die soll keinen Junkie mehr als Onkel haben." Er lässt den Kopf hängen und weint vor sich hin. In diesem Moment tut er mir unendlich leid, ich sehe einfach nur ein Häufchen Elend, ein Häufchen Elend total vollgepumpt mit Drogen. „Lieber Gott, hilf ihm bald."

Endlich in der Klinik angekommen, müssen wir bei der Aufnahme ziemlich lange warten. Frank wird langsam unruhig, ich auch. „Was soll ich hier? Ich bin doch o. k. Guck doch mal, wie die hier alle herumlaufen, wie die aussehen. Hier gehöre ich doch nicht hin."

Endlich bekommt er die Unterlagen für die Einweisung in die Hand gedrückt und darf los. „Kannst du noch mit raufkommen, Mama?" Natürlich begleite ich ihn auf die Station. Sein Gang ist schleppend. Die Augen fallen ihm immer wieder zu, Schweiß perlt ihm von der Stirn, er ist totenblass. So liefere ich ihn ab, verabschiede mich schnell von ihm und bin sehr erleichtert, als ihn gleich mehrere Ärzte freundlich empfangen. Sie bringen Frank zu einer großen Tür, die sich schnell hinter ihm verschließt. Es ist geschafft! Endlich sind meine Gebete erhört worden! Unendlich erleichtert schicke ich ein Dankgebet zum Himmel und mache mich froh auf den Heimweg.

Drei Tage später habe ich daheim in der Drogenberatungsstelle bei Herrn Mayer ein Elterngespräch. Er ist sehr interessiert, wie es in München gelaufen ist und erzählt, dass er auch schon einen Anruf von einem der Ärzte bekommen habe. Der möchte, dass Frank nach seiner Entgiftung in München bleibt, eine stationäre Therapie macht. Das wäre sinnvoll. Mitten in unserem Gespräch ruft Frank aus der Klinik an. Ja, es gehe ihm gut, er will sich das mit der Therapie überlegen, aber erst einmal wieder nach Hause kommen und eine ambulante Therapie machen. „Nun, zumindest hat er es im Kopf. Es hört sich nicht schlecht an", gibt sich der Drogenberater zufrieden. „Wir müssen abwarten."

Einen Tag vor seiner Entlassung meldet sich Frank: „Mama kannst du mich bitte morgen wieder abholen?" Seine Stimme klingt klar und deutlich. Zum dritten Mal fahre ich kurz hintereinander nach München. Im Zug überlege ich mir, was geschieht, wenn er die ambulante Therapie nicht durchhält. Nein, dieses Mal muss er es schaffen. Die Pille (Naltrexon) wird ihm dabei helfen, nicht mehr an das Heroin zu denken. Hält er die ambulante Therapie nicht durch, müssen wir uns trennen, diese Bedingung habe ich ihm gestellt, ihm klipp und klar gesagt: „Den Weg durch die Sucht gehe ich nicht mit dir, den Weg aus der Sucht, ja."

Am Eingang der Klinik steht schon mein Sohn mit seiner Reisetasche und wartet auf mich. Ich bin sehr überrascht, als ich ihn so strahlend dort stehen sehe. Wie neugeboren, gesunde Haut, klare Augen, keine dunklen Ränder mehr unter den Augen. Ich kann es nicht fassen. Ist das mein Sohn? Überglücklich nehme ich ihn in die Arme. „Wie geht es dir? Du siehst ja gut aus. Wie das blühende Leben!" – „Mir geht es auch gut. Ich fühle mich prima." Er lacht.

Am Hauptbahnhof angekommen, zeigt er auf ein paar Gestalten. „Schau mal die Junkies da, die da auf der Szene rumhängen. Die interessieren mich jetzt nicht mehr. Und überall die Sauferei hier am Bahnhof. Komm, lass uns in den Zug steigen." Ich bin erstaunt über diese neuen Erkenntnisse.

Zu Hause fragt Frank am nächsten Morgen: „Mama, hast du Baldriantropfen oder etwas Ähnliches zur Beruhigung?" – „So etwas brauche ich nicht, warum fragst du, geht's dir nicht gut?" – „Doch, nur so." – „Konntest du nicht gut schlafen?" – „Es ging so."

Ambulante Therapie

Vormittags fahren wir in die Arztpraxis. Frank muss, wie verabredet, dort seine Tablette Naltrexon schlucken. Auf der Rückfahrt erkundige ich mich nach der Wirkung der Tablette. „Ist okay. Ich habe kein Verlangen nach dem Heroin." Ich bin erleichtert. Jeden zweiten Tag fahren wir zu dem 25 Kilometer entfernten Arzt. Doch eines Tages, als er wieder aus der Praxis kommt, spuckt Frank etwas aus und steigt ins Auto. Ich wundere mich zwar darüber, ignoriere es aber und fahre los. Der nächste Arztbesuch verläuft dann aber wieder normal. Doch kaum zu Hause angekommen, geht er sofort in sein Zimmer. Mich ergreift ein ungutes Gefühl, wenig später gehe ich nach unten. Die Tür zu Franks Zimmer ist nur angelehnt. Ich gehe hinein und bin zu Tode erschrocken. Frank liegt auf seinem Bett, mit dem Gesicht auf dem Kopfkissen. Ich drehe ihn auf den Rücken. Er bewegt sich nicht. Seine Augen sind geschlossen. Er ist tot, denke ich. Mein ganzer Körper zittert vor Angst. Ich schreie ihn an: „Frank, wach auf, hörst du mich?" Er antwortet nicht. Doch er atmet ganz schwach.

Auf einmal ist mir klar, er hat die Tablette geschluckt und hatte bestimmt Heroin im Köper! Es kann nur das sein. Die beiden Substanzen vertragen sich nicht miteinander. Mein erster Gedanke: der Arzt! Ich muss ihn anrufen. In panischer Angst stürme ich die Treppen hinauf, greife zum Telefon, wähle die Nummer. Nur der Anrufbeantworter. Völlig verzweifelt renne ich wieder hinunter in Franks Zimmer. Er liegt immer noch auf dem Rücken und schläft.

Nein! Nein! Nein! Ich halte es nicht mehr aus. Die letzten Jahre waren die Hölle. Dann diese große Hoffnung und nun das! Naltrexon im Körper und Heroin! Deshalb hatte er das Mal zuvor die Tablette ausgespuckt! Hoffentlich passiert ihm nichts. Warum baut er auch wieder diesen Sch... Er hätte jetzt die besten Chancen gehabt, aus seinem Leben etwas zu machen. Nein – er muss wieder zu dem Teufelszeug greifen. Wie kann er uns das nur antun? Ich zittere noch immer und setze mich auf einen Sessel ins Wohnzimmer. Tausend Gedanken drehen sich wie ein Karussell in meinem Kopf. Was wird mein Mann dazu sagen? Wir sind uns beide einig: Falls Frank wieder rückfällig wird, kommt der Rausschmiss. Das habe ich unserem Sohn angekündigt: „Bei Rückfall – Trennung!"

Nach einer Weile kommt Frank herein. Er macht einen müden Eindruck. Ich will nicht mit ihm reden, ich will keinen Streit, ich habe keine Nerven dafür, ich bin maßlos enttäuscht über seinen Rückfall. Es lief doch alles so perfekt. Und nun wieder das! Als abends seine Drogenfreundin Lisa bei ihm unten ans Fenster klopft und ihn abholt, ist für mich alles klar.

Ich muss endgültig begreifen, dass unser Sohn nicht bereit ist, sein Leben zu ändern. Die Sucht hat ihn wieder im Griff! Ein hoffnungsloser Fall, ein ewiger Junkie, erkenne ich wutgeladen. „Soll er doch verrecken. Ich rühre keinen Finger mehr für ihn. Ich muss, nein, ich will mich nicht mehr um meinen Sohn kümmern, ich will ihn loslassen. Ich befreie mich aus seiner Sucht. Er ist groß und erwachsen. Er muss lernen, Verantwortung für sich selbst zu tragen. Bittere Erfahrungen kann ich ihm nicht ersparen. Er wird kapieren, wo Grenzen sind und wo bei mir Grenzen sind. Ich aber muss warten, dass das Leben seinen Gang nimmt – und bis dahin Beruhigungstabletten nehmen. Nein, soweit will ich es nicht kommen lassen.

Der endgültige Rausschmiss

„Zum Teufel mit den Drogen. Ich lass mich nicht zum Narren machen, es wird Zeit, dass ich aktiv werde, dass ich handle." Voller Groll und Enttäuschung räume ich Franks Kleiderschrank leer und packe seine Sachen in Reisetaschen. Zwar spüre ich irgendwie in mir eine große Erleichterung, aber auch eine tiefe Traurigkeit erfüllt mein Herz. Dass es nun doch so weit gekommen ist, damit habe ich nicht gerechnet. In den nächsten Tagen stehen die gepackten Taschen tagsüber griffbereit bei ihm im Zimmer. Abends stelle ich sie unten vor seine Eingangstür. Jeden Morgen hoffe ich, dass er vielleicht nachts seine sieben Sachen abgeholt hat. Dem ist aber nicht so.

Montagabend ist wieder Elterngruppe und ich sage beim Weggehen zu meinem Mann: „Falls Frank heute kommen sollte, vergiss nicht, ihm den Schlüssel abzunehmen." Als ich vor Mitternacht zurückkomme, wartet mein Mann schon aufgeregt auf mich. „Frank war da. Ich habe mit ihm gesprochen und ihm gesagt, dass er ausziehen muss. Er dachte es sich schon. Frank kam allein. Lisa wartete unten an der Tankstelle. Ich packte die Taschen in mein Auto und fuhr mit ihm zur Tankstelle. Es ging alles ganz schnell. Ich half ihm sein Gepäck auszuladen, stellte die Taschen vor Lisas Auto und wünschte ihm alles Gute. Hier ist der Hausschlüssel, den ich ihm abgenommen habe."

Ja, mein Mann und ich haben nach langer, langer Zeit erkannt, dass wir weder das Suchtproblem lösen noch unsern Sohn ändern können, auch wenn wir uns krampfhaft darum bemühen. Nun lassen wir ihn los und wollen darauf vertrauen, dass durch dieses Loslassen Dinge in Gang kommen, die zu einem guten Ende führen. Wir haben getan, was wir tun konnten. Trotz unserer Ängste und Zweifel entscheiden wir uns, aus Liebe zu ihm, für diesen sehr schmerzhaften Schritt. Eltern aus meiner Selbsthilfegruppe, die schon längst meine besten Freunde geworden sind, unterstützen unsere Entscheidung und geben mir somit Halt in dieser schweren Zeit.

Abstand gewinnen – neue Wege gehen

Nun hatte ich doch bislang meine ganze Energie und Kraft für unseren Sohn geopfert. Und was war dabei herausgekommen? Nichts. Hatte er nur einmal dabei an mich gedacht, wie es mir erging? Bestimmt nicht! Der Ärger und die Enttäuschung darüber nagen wochenlang in mir. Obwohl wir ihn vor die Tür setzten, weil das Maß voll war, stellt sich bei mir nach der Trennung keine Erleichterung ein. Mir geht es genau genommen jämmerlich. Trotz der Ruhe, die nun eingekehrt, finde ich innerlich keine Ruhe. Ich vermisse ihn. Keine laute Musik mehr. Stille! Kein Guten-Morgen-Gruß von ihm, sein Platz am Tisch bleibt leer. Alle die lieb gewonnenen Gewohnheiten, sie fehlen. Es war ja nicht alles schlecht, wenn er zu Hause war, es gab ja auch schöne Momente.

Ich merke, dass die Zeit, die vorher ausgefüllt war mit Telefonieren und Fahrten zum Arzt oder zur Drobs, die habe ich jetzt frei. Die Hektik ist verschwunden, doch was nun? Mein „Programm" ist gestört, da ist auf einmal Leere. Ich sitze da und grübele, vielleicht doch etwas falsch gemacht zu haben. Ich bekomme mächtige Schuldgefühle. „Vergiss es", sage ich mir, „er sitzt ja nicht auf der Straße, er wohnt bei Lisa." Auch das beruhigt mich nicht. „Von was will er seine Drogen bezahlen, er hat ja keinen Pfennig Geld in der Tasche? Was, wenn er eines Tages auch bei Lisa Hausverbot bekommt, weil er ihr kein Geld geben kann für Essen, Trinken und Unterkunft? Oder wenn beide sich deshalb streiten, bis die Fetzen fliegen? Ebenso könnte er ja vom Vermieter rausgeschmissen werden „wegen häufiger Besuche zu nächtlicher Stunde von ‚Freunden' und der Polizei." Womöglich steht er bald wieder vor der Tür, denn er hatte ja immer eine Adresse, an die er sich wenden konnte, und diese Adresse war meine! Wie verhalte ich mich dann bloß? Diese Unsicherheit raubt mir den Verstand.

„Eigentlich dürfte das doch gar nicht mein Problem sein", sage ich mir, „wer hat denn hier die Grenzen verletzt? Ich trage doch keine Schuld an seinem Verhalten. Nein", mache ich mir immer wieder bewusst, „ich bin doch nicht verrückt: Ich fühle mich nicht dafür im Unrecht!" Ich bin fest entschlossen ihn nicht wieder ins Haus zu lassen.

Obwohl ich Mann, Haus und Garten zu versorgen habe und nun lange Spaziergänge mit den Hunden unternehme oder mir ein schönes Buch hole und „abtauche", es reicht nicht, um aus dem Loch heraus zu kommen. Ich war ja während der „Suchtära" völlig vereinsamt, hatte mir kaum noch Zeit genommen für die übrige Familie und Freunde. Was kann ich nun tun, damit es mir in dieser Situation besser geht? Irgendwann sage ich mir: „Wann, wenn nicht jetzt? Ich packe die Gelegenheit beim Schopfe." Es ist Sommer, die perfekte Jahreszeit, um Franks Zimmer, das einem Saustall gleicht, zu entrümpeln. Ich habe Mut zur Farbe. Taubenblau, Karminrot oder leuchtendes Türkis. Jetzt lege ich los. Und? Es macht mir richtig Freude, Zeit und Muße zu haben, alles wieder schön zu gestalten. Mein Leben verändert sich durch dieses Loslassen.

Außerdem ist ein Anruf bei meinen beiden Töchtern längst fällig. Sie haben mir nie große Sorgen gemacht. Doch leider oder gerade deswegen sind sie in den letzten Jahren viel zu kurz gekommen. Aber was sage ich ihnen?

„Hallo, ich war ein paar Jahre weg, ich war mit eurem Bruder beschäftigt. Entschuldigt bitte. Ihr seid mir nicht völlig egal, aber ich konnte nicht anders. Es hat mich immer belastet, dass es so lief, ich habe euch doch lieb." Nein, ich werde nicht anrufen, ich möchte ihnen wieder nahe sein, sie deshalb lieber besuchen. Ich werde selbst gebackenen Kuchen mitbringen und ihnen persönlich alles sagen und sie in den Arm nehmen!

Es ist immer noch Sommer, ich habe Sehnsucht nach meiner Mutter und meiner Heimatstadt Hamburg. Ich werde mich auf den Weg machen und ein paar Tage fortbleiben. Ich habe jetzt Zeit! Überdies liegen bei mir seit zwei Jahren Gutscheine, die ich nicht eingelöst habe, in der Schublade. Unter anderem einer für eine Übernachtung zu zweit mit Frühstücksbüfett und einem romantischen Candellightdinner. Ich kann es kaum glauben, sie waren ganz in Vergessenheit geraten. Ich werde in Zukunft verstärkt darauf achten, mir selbst auch wieder etwas Gutes zu tun.

Mit der Zeit helfe ich in der Arbeit der Eltern-Selbsthilfegruppe und Suchtprävention immer intensiver mit. Ich nehme an öffentlichen Veranstaltungen der Suchtberatungsstelle und der Kripo oder bei Einsätzen in Schulen teil. Während die Hauptamtlichen sachliche Informationen über Suchtentwicklungen und deren Auswirkungen erteilen, stelle ich mich als betroffene Angehörige zur Verfügung und erzähle von meinem Erleben. Diese Arbeit lenkt mich ab, lässt mich vergessen, lässt mich aber auch die damaligen Erlebnisse verarbeiten. Es tut mir gut. Die leidvollen Gefühle wie Traurigkeit, Enttäuschung, Misserfolg und Verzweiflung verfliegen. Neue Kraft, innerer Abstand, ein beglückendes Gefühl kommen statt dessen in mein neues Leben. Ich spüre, es war nicht umsonst, das durchlittene Leid. Hier kann ich es umwandeln in sinnvolle Hilfe, kann zurückgeben, was ich bekommen habe. Es ist fast wie das Geben und Nehmen in einer Familie. Ich sehne mich nicht mehr weg von zu Hause, ich fühle mich am richtigem Platz, fühle mich zu Hause. Alles ist stimmig. Mein Leben bekommt so eine neue Ausrichtung, einen neuen Sinn.

Michaelas Hochzeit

Einige Monate später im August heiratet unsere Tochter Michaela nun endlich ihren Oberarzt Richard. Diesmal nicht in Weiß, es ist nur eine standesamtliche Trauung. Michaela trägt ein langes, enges rotes Kleid mit Schlitz, das toll zu ihrer schlanken Figur passt. Ein weißer, langer Seidenschal schmückt ihren Hals. Nadine, unsere Enkelin, ist mit ihren zehn Monaten und dem bunten Blumenkranz auf ihrem Lockenköpfchen der Mittelpunkt der Hochzeit ihrer Eltern. Abends kommen die geladenen Gäste zu der großen Hochzeitsfeier. Oma Trude, „Bolle" mit seiner Frau aus Berlin, mein Halbbruder mit seiner französischen Frau, Susanne mit Freund und etwas später tatsächlich auch Frank.

Monatelang haben wir uns nicht mehr gesehen. Nach dem Rausschmiss kam hin und wieder ein kurzer Anruf – ein Lebenszeichen, aber das war es dann auch. Unser Sohn trägt zur Feier des Tages ein graues Jackett, ein schönes weißes Hemd, rote Krawatte, dunkle Jeans und schwarze, elegante Schuhe. Sein Hochzeitsgeschenk – eine hübsche Blumenschale. Wir freuen uns sehr, dass er gekommen ist. Aber so richtig wohl fühlt er sich nicht in dieser Gesellschaft. Natürlich hat er was drin. Schweißperlen stehen ihm auf der Stirn. Das bemerkt aber niemand. Hauptsache, er ist dabei. Ins Gespräch kommen wir beide kaum, da er am Tisch der jüngeren Leute sitzt.

Als er zur Toilette geht, folge ich Frank, um wenigstens ein paar Sätze mit ihm zu wechseln. Seine neuen Schuhe drücken ihn, und er setzt sich in einen Sessel, um sie auszuziehen. Ich frage, wie er hierher gekommen sei. „Lisa hat mich gefahren. Sie holt mich gleich wieder ab." – „Schön, dass du zu Michaelas Hochzeit gekommen bist. Geht es dir gut?" – „Es geht, ich bekomme Pola." Nachdem er mit Müh und Not die neuen Schuhe wieder angezogen hat, meint Frank: „Mama, ich will mich hier jetzt schon mal von dir verabschieden. Ich kann Lisa nicht so lange warten lassen. Wir müssen wieder zurück, wir haben noch eine lange Heimfahrt. Grüß Papa,

Oma und die anderen von mir. Es war schön, euch wiederzusehen. Noch viel Spaß."

Auf der Toilette wische ich mir die Tränen aus den Augen und gehe wieder in den Festsaal. Die Kapelle spielt zum Tanz auf. Franks Platz bleibt leer.

Das Ende vom Lied

Handschellen für Frank

Im November darauf klingelt das Telefon: „Guten Tag, hier ist Rechtsanwalt Nußbaum. Ich muss ihnen leider mitteilen, dass Ihr Sohn Frank verhaftet wurde und jetzt im Gefängnis sitzt. Seine Freundin Lisa hat man auch verhaftet. Ich war eben bei ihrem Sohn. Er rief aus der U-Haft an und bat mich, ihn zu verteidigen. Frank will jetzt eine Entgiftung und eine Therapie machen. Ich soll mit Ihnen darüber sprechen, weil Sie doch so gute Verbindungen haben. Er will so schnell wie möglich hier raus. Sie müssen dann aber eine Kaution in Höhe von fünftausend Mark zahlen."

Ich bleibe ganz ruhig. Mir geht durch den Kopf: Endlich haben sie ihn erwischt. Jahrelang hatte er genug damit zu tun, sich über Wasser zu halten, war ständig auf Achse, suchte aber nach keiner Lösung für sein Drogenproblem. Jetzt hat es ihn erwischt. Nein, mich hat der Anruf nicht schockiert. Ganz im Gegenteil – ich bin sogar erleichtert. Ich wusste, dass das eines Tages so kommen würde. Meine Entscheidung ist klar:

„Herr Nußbaum, sagen Sie bitte meinem Sohn, dass ich nicht bereit bin, die Kaution zu zahlen. Für das Geld fliege ich lieber mit meinem Mann in die Karibik. Und sagen Sie ihm, ich kann nichts für seine stationäre Therapie tun. Das geht nur über die Drogenberatungsstelle. Und überdies würde mein Sohn, falls er wieder auf freiem Fuß wäre, niemals die Entgiftung durchhalten. Nein, er hat jetzt Zeit genug, mit klarem Kopf über sein Leben nachzudenken. Der bleibt im Knast."

„Na gut, ich werde es Ihrem Sohn mitteilen. Im Übrigen, ich habe Frank noch zwanzig Mark für Tabak und Zigaretten gegeben." – „Herr Nußbaum, das ist nicht mein Problem, das geht mich nichts an, tut mir leid. Auf Wiederhören."

Als das Gespräch beendet ist, staune ich über mich selbst: Wieso bin ich so ruhig geblieben? Keine Aufregung in mir, ganz im Gegenteil. Jetzt weiß ich meinen Sohn aufgehoben. Keine Drogen mehr, kein Dealen mehr, keine Freundin mehr. Ich muss mich erst einmal setzen und tief durchatmen. Meine Gedanken sind bei Frank. Meine innere Stimme spricht zu ihm: „Frank, das ist jetzt deine allerletzte Chance. Mehr abstürzen kannst du nicht. Hoffentlich nutzt du sie und hältst durch." Ich bete: „Lieber Gott, hilf ihm jetzt endlich den richtigen Weg zu finden. Das Gefängnis muss nicht Endstation bedeuten." Erstaunlicherweise nimmt auch mein Mann die Nachricht mit großer Fassung auf. „Jetzt wissen wir ja, wo er ist und dass er lebt." Das ist sein ganzer Kommentar.

Zwei Tage später ruft mich die Sozialarbeiterin an: „Ihrem Sohn geht es den Umständen entsprechend gut. Könnten sie ihm etwas Geld schicken, damit er sich Tabak und Zigaretten kaufen kann? Wenn Sie ihn besuchen möchten, brauchen sie eine Besuchserlaubnis." Immer wieder habe ich Frank gesagt: „Kommst du eines Tages ins Gefängnis, werde ich dich dort nie besuchen!" Und jetzt? Natürlich will ich meinen Sohn sehen. Vielleicht geht es ihm ja so dreckig, weil er dort kein Pola bekommt. Vielleicht muss er ins Krankenhaus und entgiftet werden. Ach was! Er wird im Knast einen , „kalten Entzug" ohne Hilfe von Medikamenten machen müssen – er wird clean werden und nicht abhauen können.

Erster Brief aus der Untersuchungshaft

Hallo Mama und Papa,

... Es tut mir leid, dass alles so weit kommen musste, aber vielleicht ist es besser so. Jetzt habe ich Zeit, mir über mein Leben ernsthaft Gedanken zu machen. Papa soll sich nicht aufregen. In Gedanken bin ich bei Euch. Besonders an Weihnachten. Ich liebe Euch wie nie zuvor. Aber ich glaube, Ihr könnt Euch einigermaßen vorstellen, was in meinem Kopf abgeht. Mein Handicap hier ist, dass ich kein Polamidon bekomme. Und von neun auf null Milliliter runter, das ist sehr hart. ... Ich weiß, das hätte alles nicht sein müssen, aber jetzt ist es so. Bitte lasst mich nicht im Stich.   *Alles Liebe Frank*

P.S. Ich denk' an Euch. Wer kämpft, kann verlieren. Wer nicht kämpft, hat verloren.

Besuche im Gefängnis

Viel zu lange dauert das Warten auf die Besuchsgenehmigung, die vierzehn Tage kommen mir endlos vor. Auf dem Weg zur Justizvollzugsanstalt muss ich durch eine Ortschaft mit vielen „Starenkästen" fahren. Ich kenne den Weg dorthin nicht und steuere erst mal den Bahnhof der Stadt an. Dort frage ich einen Taxifahrer nach dem Weg zum Gefängnis. „Oh je. Wir haben sehr viele Einbahnstraßen, daher ist der Weg schlecht zu erklären." Ich überlege nicht lange. „Wissen Sie was, Sie fahren einfach mit dem Taxi voraus und ich mit meinem Auto hinter Ihnen her." Der Fahrer schaut mich verdutzt an, so etwas hat er wohl noch nicht erlebt. „Ich zahle ihnen die Fahrt so, als wenn ich ihr Fahrgast wäre. Ich habe es nämlich sehr eilig. Zurück werde ich den Weg schon finden."

Schnell steigt er in sein Taxi und fährt kreuz und quer durch die Altstadt, ich immer hinter ihm her. An einem steilen Hang, oberhalb von der Stadt in einer schönen Villengegend taucht ein großes, altes Backsteingebäude auf. Wir fahren den Berg hinauf. Das könnte es sein. Das Taxi hält an, ich bedanke mich bei dem netten Fahrer und zahle die Fahrt. „Müssen Sie da rein? Sind Sie Rechtsanwältin?" – „Nein, nein, vielen Dank! Ich muss mich beeilen."

Mir bleibt gerade noch Zeit, um Franks neues „Zuhause" von außen zu betrachten – hohe, alte Mauern mit Stacheldraht, kleiner Innenhof, winzige vergitterte Fenster. Oh Frank, wo bist du nur gelandet? Schnellen Schrittes eile ich direkt zum Eingang. Auf mein Klingeln meldet sich eine tiefe Stimme: „Ja bitte, zu wem wollen Sie?" Als ich Franks Namen nenne, röhrt es: „Moment, die Tür geht gleich für Sie auf." Plötzlich schiebt sich mit einem fürchterlichen Geräusch eine riesengroße Stahltür zur Seite. Ich darf in den Innenhof. Dort sehe ich Polizeiwagen und zwei Beamte, die gerade einen jungen farbigen Mann in Handschellen abführen. Ein Justizbeamter kommt mir entgegen. Wir gehen zu einem Gebäude, steigen die Außentreppe hinauf und werden an der Eingangstür empfangen. Die Beamten sind alle sehr nett zu mir. Sie fragen mich, ob ich Geld einzahlen möchte, damit Frank im Gefängnis einkaufen kann. Ich zahle vierzig Mark ein. Danach muss ich meine Handtasche, die Armbanduhr und den Gürtel in ein Schließfach legen. „Wo sind denn die Automaten?", frage ich. Anna aus meinem Elternkreis, ihr Sohn sitzt in „Stammheim", gab mir den Tipp, genug Kleingeld für die Automaten mitzunehmen. „Was für Automaten?" – „Na, die mit den Süßigkeiten und den Getränken?" – „Die gibt es hier nicht, nur in den größeren JVAs. Wir sind hier kein Fünfsternehotel."

Ich werde noch gründlich abgetastet, dann betrete ich einen langen Gang. Dort sitzt schon ein Besucher. Ich setze mich auf einen Stuhl und hole tief Luft. Nach einer Weile redet mich der Besucher an: „Du besuchen Mann?" – „Nein, Sohn." – „Wie viel Jahre?" – „Keine Ahnung." – „Ich besuchen Bruder. Kommen immer hierher. Bruder muss bleiben fünf Jahre." Um Gottes willen, durchfährt es mich, mir wird angst und bange. Ein kalter Schauer läuft mir über den Rücken. Hoffentlich kann ich bald meinen Sohn sehen. Ich muss hier wieder weg!

Die Tür öffnet sich, ein Justizbeamter ruft mich bei meinem Namen. Ich folge ihm in ein kleines Besucherzimmer. Kahle Wände, kleiner Tisch mit drei Stühlen. Frank steht plötzlich im Raum. Ich bin zu Tode erschrocken, als ich meinen mittlerweile 25-jährigen Sohn sehe, und erkenne ihn fast nicht wieder: Er steht da um Jahre gealtert, abgemagert, total kaputte Zähne, sein Blick beängstigend leer. Er sah noch nie so krank aus wie jetzt: die Haut aschfahl, tiefe Ringe unter den Augen, die Wangen bedrohlich eingefallen, Piercing an Augenbraue und Nase. Seine siebeneinhalbjährige Heroinabhängigkeit ist nicht zu leugnen.

„Hallo Mama", begrüßt er mich mit zitternder Stimme. „Hallo Frank." Ich nehme ihn in die Arme, drücke ihn ganz fest an mich, so als wolle ich ihn nicht mehr loslassen. Ich wische mir die Tränen aus den Augen. Der Beamte bittet darum, dass wir uns setzen. Nur dreißig Minuten dürfen wir uns unterhalten, aber nicht über die Straftat. Frank erzählt, dass er kein Pola bekäme, nur etwas zur Beruhigung. Aber immerhin das. Er hat starke Leberschmerzen und schwere Schlafstörungen. Er möchte so schnell wie möglich hier raus und eine Langzeittherapie machen. Ob ich darüber mit seinem Anwalt Nußbaum gesprochen hätte, fragt er und will dann wissen, wie es Vater gehe und was die Hunde machen. – Oh, mein Sohn interessiert sich für unser Ergehen, bedankt sich sogar für meinen Besuch und möchte, dass ich bald wiederkomme! „Sag Papa schöne Grüße und frag ihn, ob er mich auch besuchen kommt."

Die Minuten vergehen wie im Flug. Der Beamte, der das Gespräch ja mitgehört hat, nimmt mich, nachdem Frank wieder abgeführt wird, zur Seite. „Gehen Sie mal rüber ins Amtsgericht zu dem Richter Kopp, der Ihren Sohn verhaftet hat, und reden Sie mit ihm. Er ist kein Unmensch. Ihr Sohn will doch eine Therapie machen. Sprechen sie mit ihm darüber." Ich bin erstaunt über seinen gut gemeinten Ratschlag und dass er soviel Mitgefühl zeigt. Nachdem ich mich für den Tipp bedankt habe, gehe ich zum Ausgang, um meine Sachen aus dem Schließfach zu holen. Die große Schiebetür schließt sich automatisch hinter mir. Ich bin wieder in der Freiheit – mein Sohn aber sitzt hinter Schloss und Riegel in seiner Viermannzelle.

Er hätte doch ein unbeschwertes Leben haben können. Er hatte ein sehr gutes Zuhause. Sein Vater ist ein angesehener Mann in unserem Ort. Doch Frank hat alle Türen zugeschlagen. Jetzt wird hinter ihm die Tür geschlossen, die Gefängnistür. Das eigene Kind drogensüchtig und im Knast. Für uns Eltern der pure Horror, immer wollten wir genau das verhindern. Es war bitter für uns, jahrelang hilflos mit ansehen zu müssen, wie unser Sohn in sein Verderben rannte. Jetzt ist er dort angekommen. – Doch vielleicht ist ja der Gefängnisaufenthalt für Frank auch eine Chance, zur Besinnung zu kommen und einen Weg hin zur Besserung einzuschlagen.

Schnurstracks überquere ich die Straße und stehe auch schon vor dem Amtsgericht – ebenfalls ein altes Gebäude. Als ich das Zimmer von Herrn Kopp suche, kommt gerade eine Frau aus einem Nebenzimmer. „Wenn Sie zum Richter Kopp wollen, der ist heute nicht da. Der ist auf dem Gericht. Morgen können Sie ihn erreichen."

Enttäuscht steige ich ins Auto. Eigentlich wollte ich es mir noch gut gehen lassen und in der Altstadt in einem kleinen Café mich aufwärmen und einen heißen Cappuccino trinken, denn es ist kalt an diesem Novembertag. Mich zieht es aber heim und ich bin froh, nachdem ich mich dreimal in der Stadt verfahren habe, wieder auf der Landstraße zu sein. Mir geht es nicht gut, ich friere und schalte die Heizung im Wagen an. Meine Gedanken kreisen um Frank, mein schwerkrankes Kind. Ich hoffe inständig, dass er mit 25 Jahren noch „die Kurve kriegt". Plötzlich ein helles Licht in meinen Augen. Ein „Blitzer" hat mich erwischt. Oh, ich fahre mit Tempo 60 durch das Dorf. „Mist, beim nächsten Mal passe ich besser auf."

In der Elterngruppe berichte ich von meinem ersten Knast-Besuch.

Anna muss sehr lachen, als ich ihr die Geschichte mit dem Automaten erzähle. Andere Mütter und Väter schildern eigene Erfahrungen: „Es ist jetzt eine Chance für deinen Sohn, im Gefängnis über sein Leben nachzudenken. Wenn er Glück hat, bekommt er vielleicht den § 35 (Therapie statt Strafe). Leider geht es bei einigen Leuten nicht ohne Druck, und sie müssen erst ganz unten sein. Aber du wirst sehen, jetzt gibt es Veränderungen", trösten sie mich.

Am 1. Dezember kommt wieder ein Brief vom Frank mit der Bitte um ein Weihnachtspaket. Außer der Reihe darf man ihm ansonsten keine Pakete schicken. Er bittet darum, beim nächsten Besuch ein paar T-Shirts, Unterwäsche und Socken sowie bequeme Hausschuhe mitzubringen. Das müsse ich aber erst noch mit der Sozialarbeiterin vorher abklären.

Es ist wieder einmal soweit, ich stehe in der JVA und gebe all die Sachen sowie die warmen Pullis dem Beamten. Frank wartet schon ganz ungeduldig auf mich. „Hast du mit Herrn Kopp gesprochen?", fragt er gleich nach unserer Begrüßung. Ich erkläre ihm, dass der Richter nicht da war, verspreche aber, ihn noch gleich aufzusuchen. Er ist beruhigt. Frank erzählt, dass ihn starke Zahnschmerzen plagen. Er war deswegen mit zwei Beamten in Uniform beim Zahnarzt. „Stell dir vor, mit Handschellen musste ich in die Zahnarztpraxis, das war voll peinlich. Beim Röntgen machten sie mir die Handschellen ab, stattdessen bekam ich Fußfesseln. Ich schämte mich fürchterlich. Die Patienten im Wartezimmer schauten mich neugierig an. So etwas sehen sie wohl nicht alle Tage. Der Zahnarzt hat mir einen Backenzahn gezogen. Hoffentlich muss ich dort so schnell nicht wieder hin."

Ich berichte Frank von einer Therapieeinrichtung, die wir kürzlich mit der Elterngruppe und der Drobs besuchten. „Die Einrichtung macht auf mich einen guten Eindruck. Vielleicht gefällt sie dir. Prospekte habe ich zu Hause." Ich erzähle noch einiges aus unserer Familie. Viel zu schnell vergeht die Besuchszeit. Es ist ein trauriger Anblick, als mein Sohn wieder von einem Beamten abgeführt wird und mit gesenktem Kopf, wie ferngesteuert, mit ihm geht.

Beim Richter habe ich Glück, er ist da. Ich stelle mich vor und frage, ob er etwas Zeit für mich habe. Es gehe um meinen Sohn Frank, der hier in U-Haft sitzt. „Ah, der ist mir bekannt. Ihr Sohn ist ja mit der Lisa P. befreundet. Nun, wir mussten beide festnehmen. Wir haben ihre Handys abgehört, womit sie wohl nicht gerechnet haben. Na ja, sie sind keine Großdealer. Wir wollten auch an die Hintermänner kommen. Ich kenne das Ehepaar P. schon sehr lange. Der Ehemann sitzt zurzeit noch im Gefängnis. Kommt aus einer guten Familie. Sein Vater war bei der Polizei beschäftigt. Nun ja, Ihr Sohn Frank und Lisa schreiben, dass sie eine Paartherapie machen wollen. Vielleicht wissen die beiden nicht, dass ich ihre Briefe zu lesen bekomme. Eines ist sicher, eine Paartherapie kommt nicht infrage."

„Das halte auch ich nicht für sinnvoll, da gebe ich ihnen Recht, Herr Kopp", erwidere ich. „Wenn Ihr Sohn Vorarbeit geleistet hätte, könnte er schon eher hier raus. Aber soviel ich weiß, hat er noch keine Therapie beantragt. Im Augenblick ist in der Drogenberatungsstelle die zuständige Beraterin in Urlaub. Sie ist die Einzige, die hier einmal in der Woche mit den Häftlingen die Anträge für die stationäre Langzeittherapie bearbeitet und den Sozialbericht schreibt. Jetzt muss Ihr Sohn noch warten. Wenn Sie aber wollen, können Sie ihm jede Menge Unterlagen über Therapieeinrichtungen bringen. Die soll er sich gut durchlesen." Die Worte des Richters gingen mir runter wie nichts. Ich bedanke mich für das aufschlussreiche, nette Gespräch. Zum Schluss meint er noch: „Gut, dass Sie in den Elternkreis gehen, der ist eine große Hilfe", und reicht mir die Hand.

Draußen ist es nasskalt. Diesmal schlendere ich frohen Herzens die Kopfsteinpflasterstraße hinunter in die Altstadt, besuche ein gemütliches Café und genieße den heißen Cappuccino mit der feinen Schlagsahne. Ich bin erleichtert. Frank darf in die stationäre Langzeittherapie, ohne Lisa, Gott sei Dank. Ich bin noch einige Male unterwegs zum Gefängnis, bringe meinem Sohn seine gewaschene Wäsche und nehme die schmutzige wieder mit. Mein Mann besucht unseren Sohn nur ein einziges Mal. Das ist nicht sein Ding.

In der Zwischenzeit schreibt uns Frank herzzerreißende Briefe aus dem Knast. Weihnachten werden wir nie in unserem Leben vergessen. Wie grausam, in solch einer Zeit eingeschlossen und von der Freude in der Familie ausgeschlossen zu sein. Anfang Februar ist dann mein letzter Gefängnisbesuch. Frank sieht mittlerweile besser aus, hat tüchtig zugenommen und eine gesündere, wenn auch bleiche Gesichtsfarbe. Ich erzähle ihm, dass wir am 12. Februar unsere Silberhochzeit haben und nach Barbados fliegen.

Die Drogenberaterin holt Frank nach zweieinhalb Monaten U-Haft aus dem Gefängnis ab und bringt ihn direkt zu einer Langzeittherapie – zum „Hof". Er hat sich für diese Einrichtung entschieden.

Endlich habe ich das Gefühl es geht voran. Nicht selten war ich in den ganzen Jahren nahe daran, mein Gottvertrauen zu verlieren. Doch nun spüre ich, dass Gott uns die ganze Zeit nahe gewesen ist und uns die Kraft zum Durchhalten gegeben hat – selbst wenn wir es nicht mehr zu glauben wagten.

Weitere Briefe aus der Haft

Anfang Dezember

An meine Familie

Als Allererstes möchte ich mich für alles, was ich Euch angetan habe, entschuldigen. Es fällt mir nicht leicht, diesen Brief an Euch zu schreiben, weil ich mich so schäme. Am meisten schäme ich mich für meine Nichte Nadine. ... Glaubt mir, ich wäre auch viel lieber gesund und gut drauf. ... Ich versuche eine gute Therapie zu machen, dass ich Euch später nicht mehr enttäusche. Ich liebe meine Familie und will ein gutes Familienmitglied sein. Aber das ist oft sehr schwer. In meinem Kopf ist eine Krankheit, die ich besiegen muss. Und das ist gar nicht so leicht. Und nun zu Dir, Papa: Ich weiß, dass Du Dir einen besseren Sohn vorstellen könntest. Wenn Du nicht mehr willst, dass ich zur Familie gehöre, dann akzeptiere ich das voll und ganz. Aber eines musst Du wissen, ich hätte mir keinen besseren Vater vorstellen können. Ein Knacki als Sohn – wer will das schon. Ich bin stolz auf meinen Vater, doch er kann nicht stolz auf mich sein. Aber wir hatten auch schöne Zeiten, besonders in der Weihnachtszeit. ...
Jetzt zu Dir, Oma: Ich weiß, dass ich Dich so oft enttäuscht habe – bitte verzeih mir; wenn nicht, verstehe ich das auch. Aber eines musst Du wissen: Ich war immer gerne Dein „Büble". Ich bin stolz auf

Dich, eine so rüstige, liebe und schlaue Oma zu haben. Du standest Mama und Papa immer mit gutem Rat bei.

Zu meinen Schwestern schreibe ich extra noch einmal. Ich bin froh zwei hübsche und liebe Schwestern zu haben, glaubt mir. Aber vielleicht wird es ja auch mal wieder so wie früher, zu guten Zeiten. Ich glaube, ich bin das erste Mitglied der Familie, das im Knast sitzt. Und nun zu Dir Mama: Du weißt, wir beide hatten immer eine besonders innige und liebe Beziehung zueinander. Ich war immer froh, so eine Mutter zu haben. Viele meiner alten Freunde waren immer neidisch auf mich. Du warst ja immer der Mittelpunkt der Familie, der immer guten Rat und Liebe für jeden von uns hatte. Du hattest immer ein gutes Wort für jeden von uns übrig, dafür bewundere ich Dich. Also bis dann

In Liebe Euer Sohn Frank

PS: Bitte nehmt meinen Brief ernst, es liegt mir sehr viel daran. Tschüss bis bald.

Weihnachten

Hallo Ihr Lieben!

Das ist mein Weihnachtsbrief an Euch. Dieses Jahr ist wohl das schlimmste Jahr in meinem Leben. Es ist sehr schwer, mit den ganzen Konflikten hier zurechtzukommen. Man findet hier keinen innerlichen Frieden und das ist besonders jetzt vor Weihnachten sehr schwer. Jetzt über die Feiertage ist fast nur Zelle angesagt, weil viele Beamte halt zu Hause sind. Und Hofgang ist schon morgens um 7.30 Uhr und da ist es kalt, sehr kalt. Na ja, manchmal reicht schon ein nettes Lächeln oder ein Händedruck, dass man wieder besser drauf kommt. Wie Ihr ja alle wisst, bin ich sehr sensibel. Und das macht mir halt zu schaffen mit allem fertig zu werden. Manchmal weine ich auch heimlich. Aber ich glaube, das ist hier bei einer so schweren Zeit erlaubt. Kommt Oma wieder? Diese Frau hat in ihrem Alter noch schwer was

*drauf. Na ja, so alt werde ich wahrscheinlich nicht. Mein Weihnachts-
geschenk kann ich Euch leider dieses Jahr nicht geben – tut mir leid.
Euer Weihnachtsgeschenk macht ihr mir, wenn ihr mir alle noch einmal verzeiht, das wäre das schönste. Nächstes Jahr sind wir vielleicht
alle wieder zusammen. Ich hoffe, Papa geht es auch gut. Und natürlich den Hunden. Bekommen sie wieder ihr „Weihnachtsleckerli"?
Als Anlage habe ich noch ein Gedicht für Euch alle von mir.
Also Euch allen wünsche ich von ganzem Herzen ein schönes und
gesegnetes Weihnachtsfest.*

Euer Frank

*PS: Glaubt mir, es fällt mir nicht leicht, diesen Brief an Euch zu
schreiben.*

*Mein Weihnachtsgedicht für meine Familie:
Dunkle Momente, wenn Du Deine Stärke verlierst.
Dein Körper macht nicht mehr das, was Du ihm sagst.
Er entschuldigt sich mit einer Schwäche,
die Du bisher nicht kanntest.
Dir fehlt Spannkraft, und Du weichst schweren Belastungen lieber aus,
wo Du sie früher als Herausforderung begrüßt hast.
Manchmal ist Deine Seele schwerfällig;
Du fühlst nicht, was Du fühlst,
Du bist innerlich müde und weißt,
dass schlafen nicht helfen wird.
Neue Gedanken sind Dir mühsam
und alle Ansichten langweilen Dich.
Zu hoffen, dass es weitergehen wird,
zu glauben, dass alles seinen Sinn hat,
zu lieben, was Dich immer wieder enttäuscht,
Deine Partner, Deine Freunde, die Menschheit,
fällt Dir schwer,
und das schwarze Loch der zynischen Lebenshaltung
tut sich immer wieder neu auf.
Aber Du kämpfst weiter!*

Hallo Ihr Lieben,

so, jetzt ist Weihnachten vorbei. War es schön bei Euch? Ich bin froh, dass die Feiertage bald vorüber sind. Man ist halt den ganzen Tag auf der Zelle, und das geht auf die Psyche, glaubt mir. Ich bin oft depressiv und denke viel nach, das macht mich hier drinnen kaputt. Jetzt bin ich schon über einen Monat in dem „Schließfach" und man kommt irgendwann auf dumme Gedanken. Es ist nicht leicht hier und ich hoffe, dass das mit der Therapie bald klappt. Wenn es noch lang geht, gehe ich hier ganz langsam vom Kopf her kaputt.

Ich bin zwar stark, aber irgendwann ist man es nicht mehr. Hier kann ich nicht viel für meine Krankheit tun, außer dass ich jetzt entgiftet bin – Gott sei Dank. Es ist halt immer dasselbe. Aufstehen, essen, Karten spielen, schlafen (versuchen), aufstehen, essen usw. Es gibt halt wenig Freizeitangebote. Und wenn man mitmachen will, muss man einen Antrag schreiben und warten, warten und nochmals warten (ein bis zwei Monate). Womöglich muss ich noch weitere drei Monate warten, bis ich endlich auf Therapie gehen darf. Ich darf gar nicht daran denken. . . .

Na, und wie geht es Euch? Ich kann im Augenblick keine klaren Gedanken fassen.

Liebe Grüße Euer Frank

Langes Warten auf ein Lebenszeichen

Am „Schmotzigen Donnerstag" beginnt hier in unserem Ländle die „glückselige Fasnet", auf den Straßen herrscht großes Narrentreiben. Doch Dieter und ich fliegen nach Barbados in die Karibik, um dort unsere Silberhochzeit zu feiern. Unsere lieben Nachbarn versorgen das Haus und hüten liebevoll unsere Hunde. Eine Woche Inselaufenthalt und eine Woche Kreuzfahrtschiff hatten wir gebucht. Kilometerlange, weiße Traumstrände, Sonnenuntergang im Meer, himmlische Ruhe fernab jeder Hektik. Hier können wir die Zeit vergessen.

Nach zwei Wochen wieder daheim empfängt uns kaltes Wetter mit

Regen, aber die Wiedersehensfreude ist groß bei den Nachbarn und den Hunden. In der Post, die sich in unserer Abwesenheit angesammelt hat, findet sich kein Brief von Frank. Er wird doch wohl noch in der Therapie sein? Immer wieder diese Gedanken, die mich schon wieder verrückt machen ... Ich warte noch, bis zwei Monate vergangen sind, dann rufe ich auf dem „Hof" an. „Ihrem Sohn geht es momentan nicht so gut, das wird sich aber bald ändern. Mehr kann ich Ihnen im Moment nicht sagen." Beunruhigt überlege ich: Was soll das? Ist er krank? Müssen wir uns Sorgen machen? Diese Ungewissheit macht mich ganz nervös. Vier Wochen später endlich ein Lebenszeichen von Frank.

Aufenthalt in der Fachklinik

Briefe aus der Therapie

Mai

Hallo Ihr Lieben!

Jetzt habe ich endlich die Zeit gefunden, Euch zu schreiben. Ich muss sagen, in der letzten Zeit hat sich bei mir viel geändert. Zu Eurer Überraschung, ich habe hier auf der Therapie eine Frau kennen und lieben gelernt. Sie heißt Johanna und ist einundzwanzig. Lisa habe ich einen Brief geschrieben, dass es zwischen uns keinen Wert mehr hat. Die erste Zeit dachte ich oft an sie. Aber ich habe gemerkt, dass unsere Beziehung meiner Zukunft schaden würde. Ich habe keine Lust mehr, noch einmal in ein schwarzes Loch zu fallen. Ich habe meine Zukunftspläne langsam durchdacht und bin zu dem Schluss gekommen, nicht alleine in die Zukunft zu gehen. Ich denke, ihr werdet Euch sehr freuen – besonders Mama – über die neuen Ereignisse. ... Ich selber bin guter Hoffnung, dass alles gut laufen wird, und gebe mir auch Mühe. Also schreibt doch zurück. Ich würde mich sehr freuen!

Euer Frank

Juni

Hallo Ihr Lieben!

Heute habe ich freien Sonntag. Die Sonne brennt und ich dachte mir, dass ich Euch mal wieder schreiben muss. Denn ihr müsst wissen, dass ich Euch schon vermisse. Ich mach´ mir auch Sorgen, ob es Euch allen gut geht. Mir geht es immer besser. Jetzt, nachdem ich schon

sieben Monate clean bin, hat sich schon vieles bei mir verändert.
Seit fast drei Wochen bin ich Verantwortlicher (VA), ich habe den
Arbeitsbereich Bau unter mir. Das heißt, dass ich für alle – oder fast
alle – Reparaturen hier auf dem „Hof" verantwortlich bin. Als VA hat
man dann nach einer gewissen Zeit einen freien Sonntag. Heute ist
mein erster freier Sonntag und das Wetter ist fantastisch. Mit meiner
Freundin läuft es auch ganz gut. Ich soll Euch schön grüßen. Wie die
Zeit schnell vergeht, das ist echt der Hammer. In acht oder neun
Wochen komme ich dann in die Adaptionsphase, die letzte Phase mei-
ner Therapie. Die dauert dann noch einmal zwei Monate. ...
Es tut mir leid, dass ich nicht so oft schreibe, aber es fehlt mir einfach
die Zeit und manchmal – wenn ich ehrlich bin – auch die Lust. Ich
hoffe stark, dass es Papa gesundheitlich besser geht. Das macht mir
manchmal schon Kopfzerbrechen.

Viele liebe Grüße an die ganze Familie
Euer Frank und Johanna

Juli

Hallo Ihr Lieben!

... nur noch sechs Wochen, dann suche ich mir hier Arbeit. Ich habe
nämlich vor, hier zu bleiben, um mit Johanna eine neue Zukunft auf-
zubauen. Nach Hause zieht mich nichts mehr, außer natürlich Ihr.
Gestern habe ich eine schlechte Nachricht vom Gericht bekommen. Sie
haben meine Bewährung widerrufen wegen eidlicher Falschaussage.
Jetzt hoffe und bete ich, dass ich die acht Monate nicht noch absitzen
muss. Das wäre echt total Scheiße. Jetzt habe ich mich gerade gefangen
und dann so was. Aber ich habe gute Hoffnung, dass alles gut geht.
Johanna spricht mir auch gut Mut zu. Den brauche ich jetzt auch. ...
Ich hoffe, Euch allen geht es gut. Mir selber geht es nach einem drei-
viertel Jahr cleansein sehr gut. Ich habe sogar ein bisschen Angst,
Euch wiederzusehen – mit ganz anderen Augen und vor allem, mit
einem klaren Kopf. ...

Auf jeden Fall liegt meine und Johannas Zukunft hier. Das spüre ich
immer mehr. Jetzt bin ich bald 26 und ich finde, es ist höchste Zeit
geworden, dass ich aufwache. Ich habe die letzten acht Jahre versäumt.
Aber jetzt bin ich aufgewacht, zusammen mit einer wunderbaren Frau.
Ihr werdet Johanna bald selber kennenlernen. Das alte Leben ist vorbei
– „unser" neues beginnt und ich freue mich wahnsinnig darauf.
Bis dann Ihr Lieben. Grüßt alle von uns, Euer Frank

Viele liebe Grüße, ich freue mich, Euch kennenzulernen. Johanna

Unser erster Besuch in der Therapieeinrichtung

Ende Juli meldet sich Frank am Telefon. „Hallo Mama, ich bin's! Wie
geht es dir und Papa? Ich soll euch von meinem Therapeuten fragen, ob ihr
Anfang August Zeit für ein Gespräch mit ihm und mir habt. Er möchte
euch gern kennenlernen. Es sollte sonntags am Vormittag sein. Ich würde
mich riesig auf euch freuen, falls ihr kommen möchtet." Seine Stimme
klingt fröhlich. Natürlich freuen wir uns über diese Nachricht sehr und
kommen gerne, zumal wir uns über ein halbes Jahr lang nicht mehr gesehen haben. Als Besuchstag legen wir den ersten Sonntag im August fest.

Gespannt auf alles, was vor uns liegt, fahren wir rechtzeitig los, es ist
ein heißer Tag. Unser Ziel liegt in einer herrlichen Landschaft, die
„schwäbische Toskana". Oben auf dem Berg angekommen, sehen wir
einen großen Gutshof – die Therapieeinrichtung für Drogenabhängige.
Auf dem „Hof" herrscht reger Betrieb. Überall laufen Leute umher oder
sitzen auf einem Treppenaufgang und rauchen ihre Zigaretten. Plötzlich
sehen wir Frank von Weitem auf uns zukommen. Was für eine Wiedersehensfreude! Er hat sich verändert. Trägt keine Glatze mehr, die er sich im
Knast zum Outfit gemacht hatte. Ein Oberlippenbart und ein kleines Bärt-
chen am Kinn schmücken jetzt sein braun gebranntes Gesicht. Ein total
anderer Typ. Er sieht gut erholt aus. Beim Lachen machen sich seine
kaputten Zähne bemerkbar, das stört mächtig.

Das gemeinsame Gespräch mit seinem Therapeuten verläuft gut. Frank
berichtet uns von seinen Zukunftsplänen. Später möchte er in die Nachsor-

ge gehen. Seine wichtigsten Ziele: Auf jeden Fall weiter drogenfrei zu leben und außerdem eine kaufmännische Ausbildung zu beginnen. Der Therapeut erklärt uns noch zum Schluss die Grundsätze der Einrichtung: Männer und Frauen, Paare und Singles, Alleinerziehende und Elternpaare mit ihren Kindern führen hier im Rahmen einer therapeutischen Lebensgemeinschaft eine Langzeittherapie durch, die bis zu neun Monaten, manchmal sogar noch länger dauern kann. Die Grundlage ist die Lebens- und Arbeitsgemeinschaft aller Klienten. Durch den gemeinsamen Alltag auf dem „Hof", die gegenseitige Unterstützung und das Interesse und Engagement füreinander entsteht eine Gemeinschaft mit Freundschaften und Beziehungen, die für viele auf Jahre hinaus die Basis für ihr drogenfreies Leben ist. In dieser Gemeinschaft ist es das vorrangige Ziel für jeden, dass er lernt, drogenfrei zu leben und sozial und beruflich Fuß zu fassen. Überwältigt von den ganzen Eindrücken bedanken wir uns für das Gespräch beim Therapeuten.

„Es gibt verschiedene Arbeitsbereiche, wie die Küche, Werkstatt, Putzdienst, die Gärtnerei, den Tierbereich, die Schneiderei und die Kinderbetreuung", ergänzt Frank. „Ich bin zur Zeit in der Werkstatt." Draußen deutet er auf ein anderes Haus gegenüber. „Das ist unser Haupthaus mit fünfundvierzig Klienten. Die Haupthaus-Phase dauert sechs oder sieben Monate. Danach kommt man in das „Schulhaus", die Adaptionsphase. Hier beginnt die Ablösung von der Therapie, die schwierigste Phase. Man wohnt in einer festen Gruppe und regelt seinen Alltag weitgehend selber. In dieser Zeit sollte man sich berufliche Perspektiven schaffen, erste Arbeitsversuche unternehmen oder eine Ausbildung anfangen. Auch die Schuldensanierung sollte spätestens dort begonnen werden. Wenn man möchte, bietet der „Hof" auch Lehrstellen in der Schreinerei, Gärtnerei, Schneiderei und in der Verwaltung an. In den Nachsorgehäusern, sie liegen weiter weg von der Einrichtung, z. B. in der Stadt, wohnt man in einer Wohngemeinschaft mit anderen „Ehemaligen". Drogen dürfen auch hier nicht konsumiert werden."

Plötzlich begrüßt mich freundlich ein junger, untersetzter Mann: „Guten Tag, Frau Hansen. Ich bin der Sohn von Frau Wolf. Meine Mutter geht auch in den Elternkreis." Ja, natürlich, mir fällt es wieder ein, ich weiß, dass ihr Sohn hier auch eine Therapie macht. Schon komisch, wenn

74

man überlegt, dass unser Sohn ihm vor einiger Zeit noch „Stoff" verkaufte, sein Dealer war und sie sich hier zur Langzeittherapie wieder treffen, der eine freiwillig und der andere auf Druck des Gerichts.

Jetzt bin ich aber schon neugierig und möchte endlich Johanna kennenlernen. „Die Johanna muss gleich kommen, sie ist noch in der Sportgruppe. Sie freut sich auf euch und ist schon den ganzen Morgen sehr aufgeregt." Wir setzen uns in der Zwischenzeit auf eine Bank und warten. Mein Mann unterhält sich intensiv mit Frank.

Johanna läuft eilig über den Hof. Noch ganz außer Atem begrüßt sie uns herzlich. Diesen Augenblick werde ich nie vergessen. Vor uns steht ein sehr hübsches, junges, schlankes Mädchen. Dunkelblonde, halblange Haare, sportliche Figur, strahlendes Lächeln im Gesicht. Es fällt mir sehr schwer, sie mir als junges Mädchen vorzustellen, das vor einigen Monaten noch heroinsüchtig war. Frank nimmt sie gleich an die Hand und gibt ihr einen Kuss. Wir marschieren Richtung Gärtnerei. Wie schön ist es für uns Eltern, dieses verliebte Paar anzuschauen. Mein Mann drückt mir auf dem Wege fest die Hand und ich drücke seine. Glücklich und zufrieden sehen wir uns beide an.

In dem Gewächshaus schnuppert Johanna an der Zitronenmelisse. „An der habe ich während meiner Arbeitstherapie hier immer gern gerochen. Riechen Sie mal, Frau Hansen, wie die Pflanze nach Zitrone duftet." Auf dem Rückweg habe ich Gelegenheit, noch etwas mit Johanna zu plaudern. Selbstbewusst berichtet sie von ihren Zukunftsplänen. „Ich möchte gerne die mittlere Reife machen und nach der Therapie in die Nachsorge, in die WG mit Frank ziehen." Ob sie noch Geschwister habe, frage ich „Ja, einen älteren Bruder. Er war ebenfalls drogenabhängig und ist noch in Therapie. Das hier ist jetzt meine zweite Langzeittherapie. Nach meinem ersten Rückfall habe ich mich für diese Einrichtung entschieden. Von meinen Eltern habe ich lange nichts gehört. Mein Vater ist schwer herzkrank und Frührentner. Vielleicht kommt meine Mutter mich mal besuchen."

Gern hätten wir uns noch weiter unterhalten, aber da sie beide pünktlich zum Mittagessen erscheinen müssen, bleibt leider keine Zeit mehr. Schweren Herzens, aber sehr erleichtert, verabschieden wir uns. Frank flüstere ich noch schnell ins Ohr: „Deine Johanna gefällt mir sehr gut. Behalte sie schön im Auge."

Während der Heimfahrt erinnere ich mich plötzlich an Lisa und freue mich darüber, wie sehr sich Johanna von ihr unterscheidet. Sie und Frank bestärken sich gegenseitig, den drogenfreien Weg nicht mehr zu verlassen. Meine Gebete, dass Frank ein „normales" Leben ansteuern möge, sind erhört worden. Im Stillen danke ich Gott dafür und bitte ihn, den beiden ein dauerhaftes Glück zu schenken.

Besuch von Frank

Frank kommt mit dem Zug, allein, ohne Betreuer. Sein erster Heimatbesuch nach Monaten. Ein Wochenende wieder zu Hause nach sehr langer Zeit. Ich hole ihn vom Bahnhof ab. Die Begrüßung ist herzlich. Er freut sich, seinen Vater wiederzusehen, der uns die Haustür öffnet. Sie umarmen sich. Unsere Hunde begrüßen unseren Sohn auch, mit lautem Gebell, erkennen ihn wieder, schnuppern an ihm und wedeln vor Freude mit ihren Ruten. Frank schaut sich überall um. Als er sein Zimmer betritt, staunt er über die Veränderung. Keine „Junkie-Bude" mehr. Neuer Teppichboden, andere Möbel, neue Gardinen, schöne Farben an den Wänden. Es gefällt ihm.

Wir setzen uns gleich zum Mittagessen. Frank wundert sich nicht schlecht über seinen Vater, der keinen Tropfen Alkohol trinkt. Vor Wochen hatte er stillschweigend seinen Alkoholkonsum eingestellt, nicht nur bei Tisch, sondern überhaupt ganz und gar. Er muss eingesehen haben, dass er von seinem Sohn nicht verlangen konnte, seine Drogensucht zu beenden, während er am Wochenende weiter trank. Anscheinend hat er da Parallelen gesehen und geht nun mit gutem Beispiel voran, auch ohne dass wir darüber gesprochen hätten.

Frank erzählt uns von einem Klienten aus dem „Hof", der ebenfalls kurz zuvor zu einem Wochenendbesuch bei seinen Eltern war. Er hielt es nicht lange zuhause aus, da seine Eltern sich gar nicht verändert hatten. Seine Mutter war tablettensüchtig und sein Vater alkoholabhängig. So packte er seine Sachen und fuhr schnurstracks wieder zurück zum „Hof".

Nach dem Mittagessen marschieren wir drei mit unseren Hunden durch den herbstlichen Wald. Frank erzählt von seinem „Hof", seiner Freundin und seinen neuen Zielen. Und wiederholt noch einmal, was er schon in einem seiner Briefe geschrieben hatte, dass er nicht mehr hierher, in seine Heimat, zurückkehren will. Er möchte in der Nähe der Therapiestätte bleiben und dort erst einmal in eine Wohngemeinschaft für Ehemalige ziehen. Die Gegend gefällt ihm gut. In seinem Heimatort fühlt er sich nicht mehr wohl. Der birgt zu viele Erinnerungen an seine bittere Vergangenheit. Wir können seine Entscheidung nur begrüßen und staunen, wie selbstsicher und erwachsen unser Sohn geworden ist. Frank hat sich zu einem eigenständigen und selbstbewusst Menschen entwickelt.

Auch wir müssen uns weiterentwickeln. Wir müssen wieder Vertrauen zu ihm aufzubauen. Da lag z. B. vor Franks Ankunft meine Geldbörse auf dem Küchenschrank. „Was mache ich nur damit? Räume ich sie fort oder lasse ich sie liegen", führe ich eine Debatte mit mir. „Nein, es wäre falsch sie vor ihm zu verstecken, wir müssen ihm zutrauen, dass er etwas gelernt hat, zutrauen, dass er uns jetzt nicht mehr bestehlen wird."

Unser zweiter Besuch auf dem „Hof"

Bei unserem zweiten Therapie-Besuch im Spätsommer ist Frank schon in der Adaptionsphase. Als Mitbringsel wünscht er sich von uns eine Sonnenbrille und eine nicht so teure Armbanduhr. „Wer hier eine Sonnenbrille trägt, muss schon in der Adaptionsphase sein. Die anderen Klienten dürfen noch keine tragen." Groß ist seine Freude über die Brille, er setzt sie gleich auf. Auch die Armbanduhr wird getestet und umgebunden. Cool marschiert er mit uns über den Hof, um Johanna abzuholen. Für Johanna habe ich einen grau-weiß gestreiften Pulli gekauft, der ihr gut gefällt.

In dem „Schulhaus", wo jetzt beide wohnen, fällt mir auf, dass hier viel mehr Männer als Frauen leben. Die Bewohner begrüßen meinen Mann und mich höflich, als wir uns an ihren gemeinsamen Tisch setzen. Frank bringt uns sofort zwei große, bunte Steingutbecher mit sehr starkem Kaffee und reicht etwas Gebäck dazu. Auch Johanna setzt sich zu uns an den Tisch. Es geht ihr sehr gut, sie ist verliebt. Frank allerdings wirkt etwas beunruhigt, weil die Staatsanwaltschaft ihm geschrieben hat wegen der falschen Aussage unter Eid in Lisas Prozess, bei dem er stark unter Drogeneinfluss stand.

„Die werden mich doch nicht nach meiner Therapie wieder für acht Monate ins Gefängnis stecken? Das wäre ja fürchterlich, dann ist doch alles hier umsonst gewesen. Mein Therapeut meint, ich soll der Staatsanwaltschaft einen Brief schreiben. Könntest du, Papa, mir dabei behilflich sein? Du kannst dich besser ausdrücken." Mein Mann verspricht es ihm und steckt das Schreiben der Staatsanwaltschaft in seine Jackentasche. – Zu unser aller Erleichterung verfolgt die Staatsanwaltschaft diese Angelegenheit wegen der Langzeittherapie vorerst nicht weiter und stellt später das Verfahren ganz ein.

Wir unternehmen noch einen herrlichen Waldspaziergang, fotografieren die schöne Gegend und natürlich auch Johanna und Frank. Auf dem Rückweg frage ich Frank so ganz nebenbei, ob er Eingliederungsschwierigkeiten am Anfang seiner Therapie hatte, weil es ihm laut der Therapeutin, mit der ich am Telefon sprach, nicht gut ging. „Na ja, da habe ich mächtig Sch... gebaut. Ein Klient bot mir was an. Er hat beim Heimbesuch Drogen mitgebracht und hier reingeschmuggelt. Wir wurden erwischt beim Kiffen. Ich musste ihn verpfeifen, sonst wäre ich geflogen und wieder in den Knast gekommen. Er musste seine Sachen packen und den ‚Hof' verlassen. Meine Gruppe entschied sich für mich. Ich durfte bleiben. Zur Strafe musste ich aber vier Wochen schwere Gartenarbeit machen, niemand durfte in dieser Zeit mit mir sprechen. Gruppengespräche waren tabu. Das war sehr hart für mich, aber es war gut so. Ich hatte Zeit, über meinen Rückfall nachzudenken. Als ich vom Gefängnis direkt hierher kam, wusste ich überhaupt nicht, was Therapie bedeutete. Erst nach einem halben Jahr wurde mir bewusst: Ich muss mein Leben ändern. Als ich das kapierte, war die Therapie schon fast vorbei. Die ist viel zu kurz. Sie müsste länger dauern."

Zum Schluss unseres Besuchs laden wir beide „*Kinder*" zum Mittagessen in eine kleine, gemütliche Gaststätte ein. Dabei erzählt uns Frank, er habe vor einigen Wochen einen Brief an seinen Haftrichter geschrieben und ihm mitgeteilt, dass er nicht mehr mit Lisa in Kontakt stehe. Für seine Verhaftung habe er sich bei dem Richter bedankt, der habe ihm damit das Leben gerettet, denn es sei schon „fünf vor zwölf" gewesen!

Johanna ist schwanger

Ein paar Wochen später, elf Uhr morgens, Telefon: „Hallo Mama, stell dir vor, Johanna ist schwanger. Sie war beim Frauenarzt, muss sich jeden Morgen übergeben, fährt aber noch mit dem Fahrrad in die Schule. Mama hörst du mich? Du wirst Oma."

Ich bin sprachlos. Ein Baby? Oh je, wie soll das bloß werden? Das kommt alles so plötzlich. Johanna wollte doch ihre Mittlere Reife machen und Frank hat noch keine Arbeit. Von was wollen sie leben? Soll das Baby auch in der WG wohnen? So schießt es mir durch den Kopf. „Freust du dich denn gar nicht?" – „Doch, Frank, ich freue mich, ich bin nur überrascht. Könnt ihr uns bald besuchen? Dann reden wir über alles."

Unser Sohn wird Vater – unglaublich. An den Gedanken kann ich mich nicht so schnell gewöhnen. Vor ein paar Monaten erst aus dem „Knast" entlassen worden – die Therapie noch nicht beendet. Wie soll das gehen? Wird das gut gehen? Ach, was! Nur nicht wieder negativ denken. Vielleicht ist es gut so. Da haben beide eine große Aufgabe vor sich. So wie es kommt, so ist es richtig.

Schon abends hole ich die beiden vom Bahnhof ab. Johanna geht es nicht gut. Frank ist sehr nervös. Sie spricht mit zitternder Stimme, versucht zu lächeln, aber ihre Lippen beben und Tränen rinnen ihr die Wangen herab. Ein Ziehen im Unterleib bereitet ihr starke Schmerzen. Sofort rufe ich meinen Frauenarzt an. Er ist unser Nachbar und wohnt gegenüber. Ich erkläre ihm alles. „Ich fahre sofort in meine Praxis, Kommen Sie schnell. Ich muss sie unbedingt untersuchen."

Aufgeregt machen wir uns auf den Weg. Johanna trocknet sich die Tränen aus den Augen und steigt langsam die Treppen zur Praxis hinauf. Nach einer gründlichen Untersuchung kommt Dr. Arnold aus dem Behandlungszimmer auf mich zu. „Frau Hansen, es ist alles in Ordnung mit Ihrer Schwiegertochter. Sie brauchen sich keine Sorgen zu machen." An Johanna gerichtet, sagt er: „Es ist schon gut, dass Sie gekommen sind. Junge Mütter sind beim ersten Kind etwas ängstlich. Ich wünsche Ihnen weiterhin alles Gute. – Frau Hansen, wenn Sie Oma geworden sind, lassen Sie es mich wissen. Ihnen allen noch einen schönen Abend." Beruhigt und zufrieden fahren wir heim zu dem (gestressten) werdenden

Vater. In diesem Augenblick freuen wir uns sehr auf unser Enkelkind, ganz besonders mein Mann.

Weihnachten

Endlich ist er da, der Heilige Abend. Die Festtage sind wieder erfüllt von dem Frohsinn, den wir mit dieser Zeit in Verbindung bringen. Wie jedes Jahr nehmen wir an unserem großen mollig, warmen Kachelofen Platz. Alles ist eitel Freude. Ein Zauber liegt in der Luft! „Oh du fröhliche ...“ wieder unter dem Lichterbaum mit der „ganzen Familie“.

„Oh Gott, oh Gott“, hören wir von meiner 88-jährige Mutter Oma Trude, als Frank ihr seine Johanna vorstellt, wie soll das nur werden? Hoffentlich geht das alles gut mit euch beiden, das wünsche ich euch von ganzem Herzen“, und schüttelt ihr graues Haupt. All die Jahre hat sie, wenn auch nur am Rande, die „Drogenkarriere“ ihres Enkels mitbekommen und ihn jedes Mal gefragt: „Sag mal, Frank, warum nimmst du diesen Schietkram?“

Dieses Jahr freut sie sich ganz besonders, ihr „Büble“, wie sie ihn immer schon nannte, wieder in die Arme zu schließen, denn Weihnachten zuvor erhielt sie von ihrem Enkelkind „Grüße aus dem Knast“.

Das alte Haus für die „Ehemaligen“

Mit einem großen, weißen, alten, klapprigen Transporter, den Frank vom „Hof“ ausleihen kann, stehen er und seine beiden Helfer, ebenfalls „Ehemalige vom Hof“, morgens vor unserem Haus, um die Möbel aus seiner Einliegerwohnung für die WG abzuholen. Die kräftigen Männer laden flink die Möbel ein. Eckcouch, Sessel, Tisch, Stereoanlage mit Lautsprechern sowie das fast neue große französische Bett mit Oberbetten schleppen sie in den Transporter. Die helle, schöne gebrauchte Eckcouch mit Sessel hatte ich von einer Freundin bekommen. Schnell trinken sie noch einen Kaffee und weg sind sie.

Einige Tage später besuche ich Johanna und Frank. Vor mir steht ein altes, verwahrlostes, graues Haus, eine alte Villa, in dem ehemalige Drogenabhängige nach der Therapie wohnen. Neben der schmuddeligen Eingangstür aus Holz einige Namensschilder. Ich klingele. Frank öffnet mir freudestrahlend, begrüßt mich und geht mit mir ein paar knarrende, morsche Holztreppen zu seiner Wohnung nach oben in die erste Etage.

Neben der Eingangstür stehen jede Menge Schuhe und Kartons sowie ein leerer Sprudelkasten. Johanna öffnet die Tür und begrüßt mich freudig. Sie trägt schon eine Umstandslatzhose, kaut an einer sauren Gurke und sieht prima aus. Ich betrete die WG und traue meinen Augen nicht: knarrendes, altes Parkett, hohe Stuckdecken, brüchige Fensterrahmen. Die Wohnung verfügt über ein großes, gemeinsames Wohnzimmer, ein Schlafzimmer für einen jungen Mitbewohner, ein großes Schlafzimmer mit einer schmalen verglasten Veranda für Johanna und Frank, eine eingerichtete Küche und ein kleines Badezimmer sowie eine Toilette und einen schmalen Flur. Obwohl sie die Räume alle neu weiß gestrichen haben, gefällt mir das alles nicht. Hier muss noch kräftig Hand angelegt werden. So kann man doch nicht wohnen! Schon gar nicht mit einem Baby. Ich habe sofort gute Ideen, wie man die Räume gemütlich und auch praktisch gestalten kann. Aber dazu muss ich noch einmal wiederkommen und hier auch übernachten. Die beiden sind begeistert.

Im zweiten Stock wohnt Jörg, ein schlanker, netter, junger Mann. Zehn Jahre älter als Frank, mit Job und sehr gesprächig. Hatte Alkohol- und Drogenprobleme und „die Schnauze voll" davon, wie er sagt. Er machte freiwillig seine Therapie auf dem „Hof". In seinem Wohnbereich stehen überall Grünpflanzen und einige Palmen, fast wie in einem Dschungel. Es riecht nach Räucherstäbchen. Sein Zimmer sieht ordentlich aus. Jörg ist mir gleich sympathisch. Seine Mitbewohner sind nicht anwesend.

Ganz oben wohnt Jalschin, der „kleine Türke". Er wohnt am längsten in der WG, ist Schreiner von Beruf und hat einen Job. Es gefällt ihm in dem Haus. Er liebt die Gesellschaft der Bewohner und liebt Red Bull über alles. „Er ist süchtig nach dem Zeug", denke ich. Hinter dem Haus befindet sich ein kleiner, verwahrloster Garten mit Wiese und Obstbäumen. Ich setze mich erst einmal hin, trinke einen Pott starken Kaffee, von Frank gekocht, und benötige eine Verschnaufpause. „Das ist also das Leben nach der Therapie", denke ich, „ein altes Haus, mitten in der Großstadt, wo an der nächsten Ecke die Dealer wieder ihren `Stoff` verkaufen und unsere `Ehemaligen` jeden Abend daran vorbeilaufen und hoffentlich, hoffentlich nicht wieder schwach werden."

Frank setzt sich dazu und erzählt mir freudestrahlend mit all seinen neuen, blendend weißen Zähnen von seiner Zahnsanierung, die bald beendet ist und die zum größten Teil von der Krankenkasse bezahlt wird. Den Rest tun wir als Eltern dazu. Er erzählt auch davon, dass er sich als Lagerarbeiter beworben hat und sich demnächst auch um seinen Führerschein kümmern will.

Mit unserem vollgepackten VW-Bus fahre ich am nächsten Samstag wieder dorthin. Kaum habe ich auf der Straße geparkt, kommt Frank ganz aufgeregt zum Bus, macht die Schiebetür weit auf und sagte: „Mama, es tut mir leid, du kannst jetzt nicht in unsere Wohnung. Ein Therapeut vom „Hof ist gerade da. Es ist was Schlimmes passiert. Unser Mitbewohner hat Heroin in die WG mitgebracht und etwas genommen. Wir mussten oben im ‚Hof' anrufen. Wir haben ihn schon längere Zeit beobachtet. Jetzt muss er sofort raus und sein Zimmer verlassen. Unser Therapeut Jens redet noch mit ihm."

Mein Sohn steckt sich aufgeregt und nervös eine Zigarette an. Seine Hände zittern. Unruhig läuft er hin und her. Ich versuche ihn zu beruhigen. Er geht wieder in das Haus. Ich bleibe im Bus sitzen, kann aber in dem Moment keinen klaren Gedanken fassen. Ich bin geschockt. So habe ich mir das nicht vorgestellt. Heroin in der WG? Unglaublich! Etwas später holt mich Frank in das Haus. Der Therapeut ist gegangen.

Im Wohnzimmer sitzt ganz geknickt der junge Mann. „Wo soll ich denn bleiben, ich kenne niemanden, wo ich wohnen kann. Zu meinen Eltern darf ich nicht. Ich kann doch nicht in die Bahnhofsmission oder ins Obdachlosenasyl gehen. Die vom ‚Hof' setzen mich einfach auf die Straße. Scheiße."

Irgendwie tut er mir leid. Aber er muss aus der WG raus, das sind nun mal die Regeln, nach denen sich hier jeder richten muss. Wer Alkohol oder Drogen im „Nachsorgehaus" konsumiert, muss das Feld räumen, das ist allen Bewohnern bekannt. Sonst sind auch die anderen in Gefahr rückfällig zu werden. Auch Frank ist dieser Situation kaum gewachsen. Er steigert sich da unheimlich hinein, hat er doch den Kumpel verpfiffen, um sich, Johanna und seine Freunde zu schützen, obwohl er auch Mitleid mit ihm hat. Um nicht noch mehr Unruhe hineinzubringen, versuche ich ihn abzulenken. „Sag mal, Frank, wollten wir nicht heute Besorgungen machen? Die Zeit läuft uns davon. Komm lass uns einkaufen fahren."

Die WG wird eingerichtet

Es ist geschafft: Das Wohnzimmer in der WG hat jetzt Gardinenstangen und schöne, bodenlange weiße Stores sowie hübsche Dekorschals vor den schmalen hohen Fenstern. Die helle Eckcouch bekommt große, farbige Kissen, der Holzklapptisch mit den vier Klappstühlen schmückt die andere Wand. Lampen, Teppich und große Bilder machen das Wohnzimmer gemütlich. Jörg trennt sich von einer seiner großen Palmen und stellt sie vor das Fenster. Die Glasveranda, wo einmal das Babybett stehen soll, bekommt ebenfalls eine helle Holzstange mit weißen, bodenlangen Stores, die die alten Fensterrahmen bedecken. Das französische Bett wird mit einer cremefarbenen Tagesdecke abgedeckt. Eine dazu passende Bettumrandung gestaltet das Schlafzimmer perfekt. Verschwunden ist der unansehnliche Fußboden. Kleine Nachttischschränke mit Lampen sowie der große Schlafzimmer-Schiebeschrank machen auch diesen Schlafbereich sehr wohnlich. Der Platz an der langen Wand neben der Tür bleibt noch frei für die Wickelkommode.

In der Küche hängen wir weiße Scheibengardinen auf. Ein bunter, bayrischer Flickenteppich verdeckt zum Teil die alten, grauen Fußbodenkacheln. Auf dem Flur rollen wir einen farbenfrohen Läufer aus, stellen unseren alten, runden Garderobenständer hin, und ganz wichtig, einen Schuhschrank. Das Bad bekommt einen Spiegelschrank und einen Badeläufer sowie neue, kuschelige, farbige Hand- und Badetücher. Zum Schluss muss noch im Keller die Waschmaschine angeschlossen werden. Jörg und „Türke Jalschin" helfen fleißig mit in den zwei Tagen. Es ist doch schön, dass uns Opas Erbe diese Anschaffungen ermöglicht. Jetzt können wir es gut nutzen, so wie es damals abgesprochen war: Für Franks Start ins drogenfreie Leben. Alles sieht nun topp sauber aus in dieser WG. Da kommt Freude auf. Jetzt kann das Baby kommen.

Vorstellungsgespräch

Vor seinem Vorstellungsgespräch als Lagerarbeiter erkundigte sich Frank bei seinem Therapeuten, ob er wahrheitsgemäß sagen solle, dass er drogenabhängig war und die Langzeittherapie gemacht hat. „Ich kenne diese Firma sehr gut, wir haben eine lange Zeit Klienten zum Arbeiten dorthin geschickt. Die Firma weiß Bescheid. Aber sie stellen keine mehr ein, haben schlechte Erfahrungen mit den ‚Ehemaligen' gemacht. Sie kamen unpünktlich zur Arbeit, haben verschlafen und fehlten sehr oft. Ich würde das an Ihrer Stelle lieber nicht erwähnen." Als er nach dem Vorstellungsgespräch bei uns anruft, freut er sich riesig. Die Stelle ist ihm sicher, er kann sofort anfangen. Von seiner Drogentherapie hat er allerdings auch nichts erzählt.

Ab dieser Zeit geht es bergauf. Der Job ist in Ordnung, Frank ist wieder beschäftigt, erhält seinen monatlichen Lohn und liebt Johanna über alles, besonders ihren schwangeren Bauch. Hin und wieder besuchen sie uns und bringen ihre WG-Freunde Jörg und „Türke Jalschin" mit.

Kind – Familie – Beruf

Jonas ist da

Mitte Juni, spätabends, das Telefon läutet. „Hallo! Er ist da. Wiegt fast 4000 Gramm! Johanna hat es toll gemacht und war sehr tapfer. Unser Kind soll Jonas heißen, Jonas Andreas. Er ist gesund. Ich war bei der Geburt dabei. Wollte euch nur schnell Bescheid geben. Wir sind sehr glücklich. Aber ich bin froh, dass alles vorbei ist." Unser zweites Enkelkind ist geboren. Dieter und ich sind über diese Nachricht froh und überglücklich. Als ich unseren Enkel einige Tage später in der WG besuche, schläft er friedlich in seinem großen, blauen Himmelbett. Er hat ganz viele Haare und die stehen alle zu Berge, ein Wonneproppen. Das Kinderbett passt gerade so in die Glasveranda hinein. Die Wickelkommode und das Wandregal im Schlafzimmer nehmen zwar etwas Platz weg, aber es muss gehen.

Nachdem er ausgeschlafen hat, nehme ich Jonas vorsichtig aus seinem Bett, lege ihn behutsam über die linke Schulter und halte dabei sein Köpfchen fest. Er ist ganz warm: Ich streichle ihm sacht über seinen Hinterkopf und spreche leise: „Jonas, ich bin deine Oma. Schön, dass du geboren bist! Du bist ein ganz besonderes Kind. Ich hab` dich sehr lieb." Ich kann unser Glück kaum fassen. Ich hätte nie zu träumen gewagt, dass wir so ein wunderbares Geschenk von unserem Sohn bekommen würden. Gott hat nicht nur Frank und Johanna, sondern auch uns Eltern aus einem tiefen Loch herausgeholt. Jetzt ist die Zeit gekommen, in der wir uns gemeinsam freuen können – jetzt ist sie endlich da.

Der kleine Garten hinterm Haus

Die Zeit verfliegt. Bei herrlichem Sommerwetter machen wir wieder einen „Babybesuch".

Frank führt uns in den kleinen Garten hinter dem alten Haus, wo unter einem schattigen Apfelbaum Jonas sein Nachmittagsschläfchen halten soll. Auf dem Rasen steht eine weiße Gartengarnitur. Der große, runde Tisch ist schon nett gedeckt mit bunten Steingutbechern und Tellern, in der Mitte eine blaue Vase mit einem selbst gepflückten Wiesenblumenstrauß. Frank spannt den Sonnenschirm auf und Johanna bringt aus dem Haus Kaffee und süße Tortenstücke. Als wir alle Platz nehmen, kommt auch Jörg in den Garten und begrüßt uns. Er stellt sofort zwei Flaschen mit Gläsern auf den Tisch. „Wollt Ihr was Kühles trinken?" – „Das ist ja Wein. Danke, wir trinken keinen Alkohol", entgegne ich erschrocken.

„Nein, das ist Traubensaft, den könnt Ihr trinken." So eine Flasche Traubensaft habe ich noch nie gesehen. Sie sieht wirklich wie eine Weinflasche aus. „Ich habe eine ganze Kiste davon. Die bestelle ich mir bei einem Händler. Sieht zwar aus wie Wein, ist aber purer Traubensaft und nicht billig." Genüsslich, als wenn er Wein trinken würde, nimmt Jörg einen Schluck aus dem Glas. „Mir macht das Trinken Spaß, ich habe nur das Getränk gewechselt." Wir probieren und trinken den Saft ebenfalls. Er schmeckt süffig. Doch unser Jörg, der ehemalige Schluckspecht, macht sich da etwas vor, dessen bin mir bewusst: Traubensaft trinken und dabei an Wein denken, da stimmt etwas nicht. Freudig erzählt uns Frank von seiner Firma. „Stellt euch vor, die Sekretärin von meinem Chef brachte persönlich der Johanna eine Glückwunschkarte mit einem Geldgeschenk zur Geburt von Jonas vorbei. Ist das nicht eine tolle Firma?"

Die Gartentür geht auf, Jalschin kommt, begrüßt uns freudig, setzt sich zu uns und trinkt Red Bull. Was geht ihm dabei durch den Kopf, ist das nicht Suchtverlagerung? Die „Ehemaligen" erzählen Geschichten vom „Hof". „Jens, mein Therapeut, meinte doch eines Tages: Sie haben jetzt ja eine Freundin, ich beglückwünsche Sie. Aber damit ist ja Ihre Therapie beendet. Der hat mich vielleicht aufgeregt mit diesem Satz. – Weißt du noch, Johanna, wie wir beide vom ‚Hof' abhauen wollten, weil wir zusammen eine Paartherapie beantragt hatten, die sie uns ablehnten? Ich war vielleicht sauer, die nahmen einen überhaupt nicht ernst. Wir packten unsere Sachen, gingen ins Büro und wollten unsere Papiere holen. Die haben vielleicht blöd geschaut, als wir gehen wollten, und baten uns: „Bleiben Sie hier. Das können Sie doch nicht machen. Wir werden eine Lösung finden, damit Sie die Paartherapie machen können." Tatsächlich, das hat geklappt.

Die Therapie wurde bewilligt." – „Und was hättest du denn gemacht, wenn sie euch hätten gehen lassen?", frage ich. „Daran dachte ich in dem Moment nicht, schon gar nicht an meinen Paragrafen. War schon recht leichtsinnig von mir gewesen, auch Johanna gegenüber." Frank legt seinen Arm um ihre Schulter und gibt ihr einen Kuss auf die Wange.

Umzug in eine neue Heimat

Endlich bekommt Frank seinen Führerschein wieder, nachdem er alle Auflagen sowie MPU (Medizinisch-Psychologische Untersuchung) erfüllt hat. Führerschein ohne Auto? Geht nicht. Jetzt müssen wir wieder an Opas Erbe herantreten. Ein Jahreswagen-Kombi für die Familie wird gekauft. Der Kinderwagen passt hinein und es ist noch genug Platz für andere Sachen. Nicht nur Frank freut sich über sein Auto, sondern auch Johanna, Jörg und Jalschin.

Als unser Enkel seine ersten Krabbelversuche unternimmt, ist klar, Frank und Johanna müssen sich eine Mietwohnung suchen und die WG verlassen. In der Tageszeitung liest Frank zwei Anzeigen von einer Zwei-einhalb-Zimmer-Dachgeschoss-Wohnung mit Balkon sowie einer Zwei-zimmerwohnung mit kleinem Balkon, beide sind sofort zu mieten. Als sie sich die Wohnungen anschauen, kommt auch Jörg mit. Den beiden gefällt die Wohnung mit den schrägen Wänden auf Anhieb. Eine Etage tiefer mietet sich Jörg die kleinere Wohnung. Somit sind alle vier wieder zusammen. Jonas strahlt über sein kleines, hübsch eingerichtetes Kinderzimmer unterm Dach.

Der Vater von Johanna baut geschickt die neue Küche vom Abholmarkt ein, er hilft handwerklich, wo er kann. „Meine Frau und ich haben wenig Geld. Den Kindern können wir leider kein Geld geben. Dafür kann ich meine Hilfe mit meinen Händen anbieten", erklärt er uns. Seine Familie hatte ihm lange verschwiegen, dass seine beiden Kinder drogenabhängig waren. Da er schwer herzkrank ist, wollten sie ihn nicht aufregen. „Das war nicht richtig, sie hätten es mir sagen sollen, das mit den Drogen. Jetzt, wo alles vorbei ist, muss ich die Vergangenheit aufarbeiten. Das ist viel schlimmer für mich", erzählt er uns während der Arbeit.

Die *Kinder* leben sich schnell in ihrer neuen Umgebung ein. Jörg ist mehr oben bei der Familie als unten in seiner gemütlichen Wohnung. Denn es gibt immer etwas zu erzählen. Johanna ist eine sehr gewissenhafte Mutter, liebt Jonas über alles, der noch mit neun Monaten die Brust bekommt. Frank geht regelmäßig zur Arbeit. Er bildet sich sogar weiter und übernimmt die Aufgabe eines Schichtleiters.

Die Hochzeit

Bis zu ihrem 23. Lebensjahr ist Johanna bei der Krankenkasse ihres Vaters mitversichert. Danach hätte sie sich privat weiter versichern müssen, das ist zu teuer. Also beschließen Johanna und Frank: Wir heiraten. Frank erzählt zwar: „Wir heiraten, damit Johanna krankenversichert ist." Aber sie korrigiert: „Wir heiraten nicht nur deswegen, sondern weil wir uns lieben." Die Familien schmunzeln darüber.

Wochen vor der Hochzeit geht es Frank ziemlich schlecht, er klagt über starke Darmschmerzen. Vielleicht hat er Angst vor dem neuen Lebensabschnitt, so als Ehemann, Angst vor der Verantwortung? Sie heiraten im März standesamtlich. Trauzeugen sind Johannas Bruder und Jörg. Johanna ist an diesem besonderen Tag sehr aufgeregt. Sie tröstet zwischendurch den leidenden Frank und drückt ihrer Mutter Jonas in die Arme. Nach dem Standesamt gehen wir noch im engsten Familienkreis in einem wunderschön gelegenen Berggasthof essen und feiern den ganz besonderen Tag.

Ich bin sehr stolz auf meine Schwiegertochter. Sie hat einen ganz feinen Charakter, kann sich sehr gut in andere Menschen einfühlen und hat ein großes Bedürfnis nach menschlicher Nähe, nach Liebe und Geliebtwerden. Sie kann Zuwendung und Geborgenheit vermitteln. Wir lieben sie alle. Schön, dass sich unsere Wege gekreuzt haben und es immer wieder innige Begegnungen gibt.

Neue Wohnung

Nachdem eines Tages Jörg aus seiner Wohnung auszieht, weil ihn die hohen Nebenkosten plagen und er eine ältere Freundin mit Tochter kennengelernt hat, zu der er zieht, fühlen sich unsere Kinder in ihrer kleinen Dachgeschosswohnung nicht mehr wohl. Sie haben großes Glück, zwei Straßen weiter wird eine schöne, große Wohnung mit vier Zimmern frei.

Mittlerweile besucht Jonas den Kindergarten. Johanna absolviert eine Ausbildung zur Kauffrau für Bürokommunikation. Für ihre Abschlussprüfung muss sie viel lernen. Sie will sie perfekt machen, so wie alles, was sie anpackt. Neue Freundschaften werden geknüpft, schöne Urlaubsreisen in die Berge oder an die Nordsee gemacht.

So vergehen die Jahre. Sieben Jahre leben Johanna und Frank glücklich zusammen. Siebeneinhalb Jahre ohne Drogen. Hin und wieder gibt es ein kurzes Gewitter. Ganz normal, wie überall. So soll es sein, so soll es bleiben, so habe ich mir das gewünscht.

Franks Rückfall

Ein abendlicher Anruf von Johanna: „Ich muss dir unbedingt etwas mitteilen. Hast du Zeit? Frank nimmt Heroin, und das nicht erst seit gestern. Ich weiß mir keinen Rat mehr. Wir brauchen Hilfe!" Ja, irgendetwas spürte ich als Mutter auch schon seit einiger Zeit. Einmal sprach ich ihn direkt daraufhin an: „Sag mal Frank, nimmst du Drogen?" Darauf gab er mir keine Antwort. Nun war er da, der Rückfall. Aber immerhin, siebeneinhalb Jahre ohne Drogen ist eine Leistung, die beachtlich und anerkennenswert ist.

Wie es der Zufall will, hatte unsere Eltern-Selbsthilfegruppe einige Wochen zuvor auf einem Elternseminar das Thema Rückfall, was mir noch sehr gut in Erinnerung ist. So kann ich jetzt die Sache ruhig angehen und sachlich konstruktiv bleiben. Angst davor habe ich nicht, wohl aber Sorge um seinen Job. Ich beruhige erst einmal meine Schwiegertochter und will gern mit ihr und Frank, wenn er will, persönlich sprechen.

Johanna tut mir unendlich leid. Was muss sie durchgemacht haben? Letztlich ist ja auch sie in Gefahr. Gar nicht daran zu denken, was passieren kann, wenn beide wieder „drauf" sind. Und dann das Kind. Nein, Johanna lässt das nicht zu. Sie ist eine selbstbewusste Frau. Dazu liebt sie Jonas viel zu sehr.

Wieder läutet das Telefon: „Mama, hat dir Johanna alles erzählt? Ich bin froh, dass ihr Bescheid wisst. Wir kommen am Samstag. Ich möchte darüber reden. Es ist mir sehr wichtig."

Frank hat einige Kilo weniger am Leib, aber so sieht er gut aus. Er hat ein etwas blasses Gesicht und zeigt eine nervöse Unruhe. Aufgeregt erzählt er nach dem Kaffeetrinken seine Story. Es geschah in Frankfurt vor Silvester. Er ist mit einem Freund dorthin gefahren, im Hinterkopf schon mit dem Gedanken sich Drogen zu kaufen, sich etwas „Gutes zu tun" und „tolle" Erinnerungen wieder aufzufrischen. Der Freund wusste nicht, dass Frank vor Jahren mal Drogen nahm, und bemerkte auch nicht den schnellen Einkauf auf der Szene. „Der ‚Stoff' war verdammt gut. Gespritzt habe ich ihn mir nicht. Ich zog ihn mir durch die Nase. Schon wegen Jonas wollte ich keine Spritze im Hause haben. Nach einer gewissen Zeit hat es mich wieder gepackt und ich bin noch öfter mal nach Frankfurt gefahren. Allein. Zu schnell hatte mich die Sucht wieder im Griff. Johanna meint, dass ich eine Entgiftung und eine Kurzzeittherapie machen solle. Das möchte ich nicht, denn dann ist mein Job weg und den will ich auf keinen Fall verlieren. Ich muss doch meine Familie ernähren."

Ich bin inzwischen viel gelassener als früher, kann ihm ruhig zuhören. Ich frage ihn, ob er das Medikament Subutex kenne. Tanja, eine Ärztin vom Gesundheitsamt und eine gute Bekannte von mir, die auch Strafgefangene mit Methadon substituiert, erwähnte einmal in einem Telefongespräch den Namen Subutex. „Frank, wenn du willst, rufe ich sie gleich morgen einmal an und erkundige mich." Er ist einverstanden. Erleichtert fahren die *Kinder* wieder nach Hause und ich frage mich: Bin ich jetzt wieder co-abhängig, wenn ich da so viel mitwirke, oder ist es Fürsorge?

Am nächsten Tag erreiche ich Tanja. Sie faxt mir einige Unterlagen über Subutex durch, da steht alles drin, was er beachten muss. Frank soll sich einen Arzt suchen, der damit substituiert.

Frank klappert alle Ärzte ab, die in seiner Gegend substituieren, und bekommt viele Absagen. Sie nehmen keine Patienten mehr auf oder sagen: Methadon ja - Subutex nein. Zum Schluss erklärt sich tatsächlich ein Nervenarzt bereit, ihn in das Programm aufzunehmen. Er kann in einigen Tagen Subutex bekommen.

Die Tage des Wartens ziehen sich ins Endlose. Endlich Telefon.

Franks Stimme klingt weinerlich und ängstlich: „Ich bin's, ich bin schon unterwegs zum Arzt. Mir geht es so erbärmlich und dreckig. Ich hab` seit Stunden nichts mehr genommen. Mir ist fürchterlich kalt. Hoffentlich hilft mir Subutex bald." 19 Uhr, Telefon. Ich nehme den Hörer ab, meine Hände zittern. Frank: „Ich liege hier schon in der Badewanne und nehme ein heißes Entspannungsbad. Endlich geht es mir besser. Habe kein Verlangen nach dem ‚Gift'. Der Suchtdruck ist weg, Gott sei Dank. Johanna ist auch froh, die Arme."

Neue Ziele

Zum Glück gibt Frank sich nicht auf und wirft nicht die Flinte ins Korn, glaubt weiter an seine Fähigkeit, sich zu ändern, bereitet sich darauf vor, wieder zur Tat zu schreiten und feste Vorsätze für ein erneutes Handeln zu schaffen. Frank ist „gestolpert", Johanna hilft ihm auf die Füße. Die Dinge kommen wieder ins Lot. In der Firma merkt es glücklicherweise niemand. Zu seinem Arzt hat Frank ein gutes Verhältnis, vertraut ihm alles an. Außerdem sind ihm die regelmäßigen psychologischen Gespräche in der Drobs wichtig.

Nach seinem kurzen, aber heftigen Rückfall setzt er sich nun neue Ziele. Er will in seinem Beruf weiterkommen und meldet sich bei der Industrie- und Handelskammer für die Meisterschule an. Sein Chef ermuntert ihn: „Wenn Sie den Meister haben, stehen Ihnen alle Türen offen." Fast drei Jahre besucht Frank jeden Donnerstagabend und Samstagvormittag die Schule, neben Beruf und Familie. Die Tablette Subutex begleitet ihn dabei. Sein Arzt ist zwar von Franks beruflichen Schritten und wie er mit allem zurecht kommt begeistert, rät ihm aber, die Tablette sicherheitshalber noch weiter zu nehmen, da er ja super damit klarkomme. Manchmal möchte man meinen, Frank gehe nicht wegen der Einnahme der Tablette gerne zu seinem Arzt, sondern wegen der sehr guten, offenen Gespräche.

Berufliche Perspektiven

Johanna findet einen tollen Sechsstundenjob. Ihre dreijährige Ausbildung hat sich gelohnt. Ab sofort wird Jonas, der mittlerweile die zweite Klasse der Grundschule besucht, zum Schlüsselkind.

Die Jahre vergehen. Johanna fährt täglich einige Kilometer zu ihrem Job, der ihr sehr viel Freude bereitet. Meisterhaft schafft sie es, alles unter einen Hut zu bekommen: Job, Familie, Haushalt. Da Frank einkaufen geht und auch gerne kocht, hat Johanna durch ihn eine kleine Entlastung. An den freien Wochenenden wird es in der jungen Familie nie langweilig. Johanna und Frank haben stets Ideen für ihre Freizeitgestaltung: Teilnahme an Volksmärschen, schwimmen gehen, Zoo besuchen, im Sommer grillen bei Freunden, Fußballturniere mit Jonas ansehen, Kinobesuch mit und ohne Jonas genießen und hin und wieder die Familien besuchen.

Am liebsten würde Frank in seiner Firma bleiben, aber erst in drei bis vier Jahren kann er dort einen Meisterposten einnehmen. In der Zeitung und auch im Internet liest er die Anzeige von einer Stelle, bei der genau das gefordert wird, was er kann. Spontan bewirbt sich Frank und wird zum Vorstellungsgespräch eingeladen. Zwar hat er während des Gesprächs ein gutes Gefühl und von der Firma ist er sehr begeistert. Aber er muss auf die Antwort warten, da sich viele beworben haben.

Nicht nur Frank und Johanna, auch wir Eltern warten gespannt, wie es weitergehen wird.

Meisterfeier — neuer Job

Frank hat es geschafft, das Lernen hat sich gelohnt, er hat die Meisterprüfung bestanden. Die wunderbare Meisterfeier mit der gesamten Familie wird uns noch lange Zeit in Erinnerung bleiben. Auf unserer großen Sonnenterrasse wird der Holzkohlengrill aufgestellt. Als alle am festlich gedeckten Tisch sitzen, hält Dieter eine ergreifende Rede. Er ist stolz auf seinen Sohn, der es neben seinem Job und seiner Familie geschafft hat, diesen Abschluss nun erfolgreich zu Ende zu führen und lobt ihn sehr.

Frank bedankt sich herzlich bei uns für das schöne Fest und natürlich bei seiner Frau Johanna, für die geduldige Ausdauer während der letzten Jahre mit ihm und gibt ihr einen dicken Kuss. Wir stoßen an auf Franks bestandene Meisterprüfung und seinen neuen Job und vor allem auf unsere wunderbare Familie.

Am andern Tag, bevor alle wieder ihre Heimreise antreten, besuchen wir den Friedhof. Zweite Reihe links, an der Hecke, gleich nach dem schmiedeeisernen Friedhofstor, bleibt Frank mit Jonas an Harrys Grab stehen und betet, so wie immer, wenn er uns besucht. Jonas weiß, dass da der Freund von seinem Vater liegt, der vor sehr langer Zeit an einer schlimmen Krankheit gestorben ist. Nur einige Gräber weiter liegt Oma Trude, meine geliebte Mutter, die ich von Hamburg zu uns holte, weil sie bei uns sterben wollte. Ich bleibe noch eine Weile an ihrem Grab stehen.

Nochmals ein Blick zurück

Es wird still im Haus

In all den schlimmen Jahren, in denen unser Sohn in seine Drogensucht verfallen war, war ich sehr froh, die Hunde um mich gehabt zu haben. Sie lenkten mich ab. Mit ihnen hatte ich viel Freude, ich war täglich bei jedem Wetter an der frischen Luft, machte ausgiebige Spaziergänge und lernte dabei andere Hundebesitzer kennen. Wenn Frank ausflippte und mich anschrie, bellte ihn Paula mit ihrer tiefen Stimme fürchterlich an, sprang an ihm hoch und schnappte sich sein Hosenbein. Sie mochte keinen lauten Streit. Vor Paula hatte Frank immer Respekt – er ist dann wie ein geprügelter Hund davongeschlichen.

Längst ist es in unserem großen Haus sehr still geworden, die Hunde leben nicht mehr und unsere drei Kinder wohnen bei ihren Familien und Partnern. Wir, Dieter und ich, haben viel Lust auf Ablenkung. Denn das Verhältnis zu meinem Mann vertiefte sich wieder, und das Zusammenleben ist harmonischer geworden. Wir fühlen uns zu Hause wieder wohl. Ich pflege meine Hobbys, für mich gibt es nichts Schöneres, als im Garten zu arbeiten, gemütlich mit Freunden zusammenzusitzen oder loszulaufen ins Grüne. Mein Mann engagiert sich in zunehmendem Maße in der Suchthilfe. In den Schulferien freuen wir uns auf unsere inzwischen drei Enkelkinder, die dann wieder für ein paar Tage Lebendigkeit ins Haus bringen.

Persönliches Fazit

Wie ein roter Faden zog sich seit Franks Kinderzeit eine bestimmte Verhaltensweise von mir durch sein Leben. Was auch passierte: Ich pflegte ihn gesund, wenn er krank war, tröstete ihn, wenn er sich verletzte. Ich las ihm jeden Abend Gutenachtgeschichten vor oder sang ihm sein Lieblingslied zum Einschlafen. An erster Stelle war ich dafür da, die Probleme, die auftauchten, aus der Welt zu schaffen. Ob in der Schule oder während der Lehre sowie in der schlimmen Zeit seiner jahrelangen Heroinabhängigkeit. Ich machte dies alles mit sehr viel Herzblut, übersah dabei völlig, dass Frank dadurch nicht selbstständiger wurde: Er hatte ja eine Mutter, die ihn liebte und alles regelte. Ich habe mich damals so verhalten, wie ich es unter den gegebenen Umständen für richtig hielt. Mein Mann und ich wollten und konnten unseren Sohn nicht hängen lassen, nachdem uns seine Drogenabhängigkeit bekannt wurde. Ich habe immer gedacht, das schaffen wir auch.

Doch die Dinge liefen schief – mehr Probleme tauchten auf, als ich erwartet hatte. Hindernisse, Enttäuschungen und Ärgernisse begleiteten mich auf meinem Weg. Ich konnte den Gang der Ereignisse trotz aller Mühe nicht beeinflussen. Es ist so viel passiert in all den Jahren, soviel Schmerzliches, Besorgniserregendes und manchmal völlig Überraschendes. Das meiste davon war ganz und gar nicht in meinem Sinn. Viele Jahre habe ich mich mit Selbstvorwürfen gequält, bevor ich gemerkt und gelernt habe, dass Schuldgefühle keine guten Wegbegleiter sind. Ich fühlte mich überfordert. Ich hatte das Gefühl, dass diese schwere Zeit ewig dauern würde und nicht geglaubt, dass es so lange Jahre in Anspruch nehmen würde. Aber es dauerte so lange. Ich habe dadurch Geduld gelernt und ich hätte von mir nie gedacht, dass ich so viel Geduld aufbringen würde, aber jetzt weiß ich, dass ich Geduld habe!

Durch den regelmäßigen Kontakt mit betroffenen Eltern aus der Selbsthilfegruppe wurden meinem Mann und mir mit der Zeit klar, dass wir durch konsequentes Verhalten Frank mehr helfen konnten. Dieser Elternkreis war uns eine wichtige Stütze und eine segensreiche Hilfe.

Heute sehe ich das so: Für seine Heroinabhängigkeit und seinen Rückfall ist Frank allein verantwortlich. Er allein entscheidet, ob er Heroin zu sich nimmt oder nicht, das kann selbst meine Fürsorge nicht verhindern.

Der Weg war tatsächlich sehr schwer

Ich habe angenommen, dass dies alles niemals in unserer Familie passieren würde – und doch ist es passiert. Ich habe mich in dieser schweren

Zeit immer wieder bemüht, meinen Glauben, dass Gott uns hilft, zu behalten. Ich musste das glauben, ansonsten wäre ich verzweifelt, weil sich nichts bewegte und es nicht voranging. Es war mir, als hätte mir Gott eine Aufgabe gestellt, die ich lösen musste, auch wenn ich nicht sehen oder mir nicht vorstellen konnte, wie.

Dieser Kampf für das Leben meines Sohnes und gegen die Droge nahm mir oft alle Kraft.

Es gab viele Augenblicke, in denen ich mich vergessen glaubte, in denen ich überzeugt war, mit dem Drogenproblem in unserer Familie allein gelassen zu sein. Heute bin ich sicher, Gott hat mich in dieser schweren Zeit begleitet, jeden Tag. Er hat verhindert, dass es zum Schlimmsten gekommen ist, hat meinen Sohn beschützt und ihn auf einen besseren Weg gebracht. Nicht nur ihn, mich auch. Ich habe dabei das Loslassen gelernt, mir wurden die Augen geöffnet, als ich dazu reif war. Ich habe etwas Wichtiges begriffen: Loszulassen, aber nicht mein Kind fallen zu lassen. Dieses Loslassen war die Lösung bzw. das Ergebnis, der mir gestellten Aufgabe. Aber bis dahin war der Weg hart und schmerzvoll und machte mich kaputt und leer. Wenn ich an einen Punkt gelangte, an dem ich meinte, es ginge gar nicht mehr, baute Gott mich wieder auf, indem ich wieder etwas fand, was mir einen Schritt weiterhalf. Ich bin dafür dankbar und versuche jetzt, das an andere Menschen weiter zu geben. Ich habe mein Vertrauen zu Gott wiedergefunden.

Frank erzählt –
Erinnerungen des Sohnes

Kindheit

In meiner Kindheit empfinde ich mich als wohlbehütet von den Eltern, ich fühle mich gut aufgehoben. Auch materiell fehlt mir nichts. Ein Handicap ist für mich die Abwesenheit meines Vaters während der Woche, er kommt nur am Wochenende heim, da die Firma zu weit weg ist, um jeden Tag dorthin zu fahren. Daher muss sich meine Mutter weitgehend alleine um die Erziehung ihrer drei Kinder kümmern. Dass der Vater nur am Wochenende heimkommt, stört mich als Kind sehr, diese Zeit ist für uns alle nicht einfach. Wegen der Abwesenheit meines Vaters sind wir keine Familie, in der man sich regelmäßig trifft und bei den Mahlzeiten über Probleme reden kann. Manches Mal vermisse ich die Wärme, die Obhut, das Beschützende. Die Kindheit war schön, aber der Vater hat mir schon gefehlt.

Wenn er dann heimkommt, erzählt ihm Mutter sehr bald, was unter der Woche alles gelaufen ist. Wenn ich etwas ausgefressen habe, stellt er mich schon mal in die Ecke. Aber insgesamt will er am Wochenende möglichst wenig Probleme mit den Kindern haben. Er setzt sich gerne vor den Fernseher, öffnet eine Flasche Wein und will einfach abschalten, seine Ruhe haben.

Über die daraus erwachsenden schwierigen Situationen sprechen wir eigentlich nie. Ich nutze als Kind diese Situation ab und zu auch aus, so clever bin ich schon. Ich schröpfe die Mutter zum Beispiel finanziell. Im Prinzip stellt man mich ruhig, so mein Eindruck heute. Ich bin ein Mensch, der lange an einer Sache bleibt, bis ich meinen Wunsch erfüllt bekomme. Das ist in meiner Kindheit stark ausgeprägt und hat mir nicht nur Gutes gebracht. Im Fehlen meines Vaters während der Woche sehe ich einen von mehreren Gründen für mein Abrutschen in die Drogen.

Kindheit und Grundschule verlaufen problemlos, ich meistere die Grundschule gut, habe Freunde, bin Klassensprecher. In die Position eines Außenseiters rutsche ich nie. Ich bin recht temperamentvoll, meistens findet man mich vorne mit dabei, hin und wieder auch als Rädelsführer, wenn wir Streiche aushecken. Gelegentliche Einträge ins Klassenbuch sind die Folge. In der Grundschule bin ich den meisten anderen körperlich überlegen, das nutze ich schon aus. Bei meinem Sohn erlebe ich heute Ähnliches, auch wenn er nicht der Größte in seiner Klasse ist, wie ich es damals war. Dann erkenne ich mich in meinem Sohn wieder.

Zurück zu meiner eigenen Kindheit, sie ist bis zu einem gewissen Alter recht schön. In guter Erinnerung sind mir die Urlaube, die wir gemeinsam als Familie unternehmen. Angst, alleine unterwegs zu sein, habe ich nicht. Unmittelbar nach der Grundschule verbringe ich die Sommerferien bei der Familie, bei der wir Urlaubsstammgäste sind. Meine Oma besuchte sie sogar 50 Jahre lang im Urlaub. So kannten sie mich gut und ich kannte sie und vertraute ihnen. Das hat mir gut gefallen, dort habe ich das Familienleben richtig genossen. Ich fühle mich der Familie so zugehörig, dass ich die ganzen sechs Wochen kein Heimweh habe. Diese Ferien sind mir noch heute in guter Erinnerung. Auch in den Jahren danach fahre ich immer wieder alleine in den Urlaub.

Schule und Ausbildung

Während der Grundschulzeit bin ich meistens mit meinem besten Freund Uli zusammen, er wohnt in der Nachbarschaft. Deshalb wird der Wechsel aufs Gymnasium, auf dem meine Eltern bestehen, für mich zu einem schlimmen Erlebnis, denn mein Freund soll auf die Realschule gehen. Obwohl beide Schulen nebeneinanderliegen, bedeutet das einen Einschnitt für mich. Mein Freund will auch aufs Gymnasium, besteht den Aufnahmetest aber nicht. So gehen wir getrennte Wege, auch wenn wir uns in den ersten zwei, drei Jahren immer noch treffen. Die gewohnte Atmosphäre der früheren Vertrautheit geht verloren.

Ich will mich nicht aufs Gymnasium einlassen, mir fehlt von Anfang an die richtige Motivation, in der Schule etwas zu erreichen. Ich weiß es zwar nicht mehr ganz genau, aber ich nehme an, dass ich auch auf die Realschule wollte. Meine Eltern sind strikt dagegen, dabei haben sie nicht verstanden, dass ich damit etwas tun muss, was ich auf keinen Fall will. Trotzdem mache ich ihnen keinen Vorwurf, schließlich erlebe ich bei meinem eigenen Sohn eine ähnliche Situation. Er hat die Empfehlung für das Gymnasium bekommen, und das sehe ich mit einem lachenden und einem weinenden Auge, weil mir dabei meine eigene Lage von damals in den Sinn kommt.

Kurz nach Beginn meiner Gymnasialzeit beginnen die Schwierigkeiten, zwei Jahre später wiederhole ich die sechste Klasse, trotzdem ist allen klar, dass das nicht die richtige Schule für mich ist. Welche Schule soll es dann sein? Meine Eltern wählen ein Aufbaugymnasium in der Nachbarstadt, ein Zwischending zwischen Realschule und Gymnasium mit Internat. Abitur kann man dort ablegen, und dass Sport ein Hauptfach ist, lässt mich dem Schulwechsel zustimmen.

Innerlich aber widerstrebt mir die Schule von Anfang an. In schlimmer Erinnerung bleibt mir der Moment, als mich meine Mutter dorthin bringt und sich von mir verabschiedet. Ich fühle mich ganz allein und erlebe eine Situation, mit der ich nicht umgehen kann, auch wenn da die Erzieher und die anderen Schüler sind. Das Ende vom Lied ist, ich verlasse auch diese Schule und besuche die Realschule in einer anderen Stadt in der Nähe. Ich durchlaufe sie mit recht gutem Ergebnis. Auf Anhieb finde ich danach eine Lehrstelle in einer angesehenen Firma, in der viele arbeiten wollen. Ein Glückstreffer. Aber das ist nur eine Seite meines Lebens, die andere sieht weniger glänzend aus.

Meine Freunde und Cliquen

Meine Freunde sind mir immer sehr wichtig. Wie viele andere Heranwachsende auch, treffe ich mich mit einem festen Freundeskreis. Die eine Gruppe, der ich angehöre, ist die „gute" Gruppe, zu der unter anderem mein alter Freund Uli gehört und viele Einheimische aus unserem Dorf, alle in meinem Alter. Eine Zeit gehöre ich zu den Fußballern, dann zur Jugendfeuerwehr, doch in den Vereinen halte ich es nicht lange aus, warum? Wo steckt das Problem? In der Jugendfeuerwehr, dort ist auch einer meiner besten Freunde dabei, lerne ich den Alkohol kennen.

In dieser Zeit, so um mein vierzehntes Lebensjahr herum, gehöre ich bereits einer zweiten Clique an, die ich rückblickend als „schlechte" Gruppe bezeichne. Sie hat sich zur Drogenclique entwickelt, die ich zu jener Zeit gar nicht so schlimm finde. Dort fühle ich mich gut aufgehoben, erlebe ein Gefühl der Geborgenheit. Anfangs rauchen wir nur gelegentlich Haschisch, wenn einer etwas hat. Wir verstehen uns gut. Die Jungs dort sind älter als ich, so um die sechzehn, siebzehn. Da ich für mein Alter recht groß bin, sieht man keinen großen Unterschied zwischen ihnen und mir, ich wirke einfach älter.

Ich wechsle zwischen den Gruppen. Doch die in der guten Gruppe merken, dass es für mich nicht gut ist, bei den anderen rumzuhängen. Sie wollen immer wieder von mir wissen, warum ich nicht einfach bei ihnen bleibe. Ich spüre, wie die Anziehungskraft der zweiten Gruppe für mich zusehends größer wird und im selben Maß die Attraktivität der „guten" abnimmt. Ich will anders sein und nicht das machen, was sie machen. Eine Erklärung dafür habe ich allerdings nicht.

Verbote, dazu gehört das Haschischrauchen, sind für uns attraktiv. Damit beginnt meine eigentliche Drogenkarriere. Auch meine Kumpels in der anderen Clique probieren das Haschischrauchen aus, aber bei ihnen hört es damit auf. Haschisch und Marihuana sind kein Thema für sie. Die eben beschriebene Situation entwickelt sich in der Zeit, in der ich das Gymnasium besuche und dann auf das Aufbaugymnasium wechsle.

Die Aussicht, während der Woche im Internat zu leben und nur am Wochenende daheim bei den Freunden zu sein, ist für mich schlimm. Im Internat lerne ich einen Schüler aus der zwölften Klasse kennen, der auch mit Drogen zu tun hat. Rückblickend bin ich der Überzeugung, dass ich einen guten Riecher dafür hatte, wer meine Wellenlänge hat. Zu ihm fühle ich mich hingezogen. Wie im Dorf lasse ich mich auch hier nicht auf die „Normalen" ein, sondern halte mich mehr an die Älteren.

Vier bis fünf Monate mache ich das Spiel zähneknirschend mit, doch die ganze Zeit über will ich da raus, weg von dieser Schule. Dann beginne ich, die Heimordnung zu übertreten und fahre gelegentlich unter der Woche heim, was nicht erlaubt ist. Ab und zu gehe ich einfach nicht in die

Schule. Ich habe Probleme, dem Unterricht zu folgen und verspüre keine Motivation, durchzuhalten. Ich will das alles einfach nicht, will nur runter von dieser Schule.

Meine Eltern haben das immer noch nicht kapiert, auch wenn sie mich aus dem Internat rausnehmen. So fahre ich jetzt als Externer mit dem Bus zur Schule, was mir aber auch bald zu stressig wird, fünfundzwanzig Kilometer hin und dieselbe Strecke wieder zurück, und das jeden Tag. Zu dem Zeitpunkt habe ich bereits mit der Schule abgeschlossen, ich will gar nicht mehr dorthin.

Da es so nicht weitergehen kann, beschließen meine Eltern, mich doch auf die Realschule zu schicken, aber nicht auf die in meiner Heimatstadt, sondern einer Nachbarstadt. Schon bald finde ich auch hier Jugendliche, die Haschisch rauchen. Trotzdem gehe ich regelmäßig in die Schule und lege einen guten Abschluss hin.

Die Droge – mein fester Begleiter

Fremde Länder, Abenteuer, das Außergewöhnliche, sie haben mich schon immer gereizt und gelockt. Auch Drogen sind etwas Außergewöhnliches, etwas Verbotenes. Ich vermute daher, dass diese Suche nach dem Exotischen, Verruchten wohl auch eine Rolle spielt beim Abdriften in die Drogenszene. Zu jener Zeit waren Drogen eine Modeerscheinung, in vielen Gruppen nahm man den „Stoff". In diesen Kreisen lerne ich schnell viele Leute kennen, alle älter als ich. Sie begeistern mich. Keiner von uns strebt eine normale Schullaufbahn an, das ist nicht unser Ding. Obwohl, das sei hier angemerkt, fast alle von uns Chancen dazu hatten. Rückblickend erkenne ich, dass die Suche nach Grenzen in meinem damaligen Verhalten sicher eine Rolle gespielt hat. Ich teste, wie weit ich gehen kann.

Regelmäßig treffen wir uns in der Drogenclique, während der Realschulzeit sitzen wir fast jeden Abend zusammen. Ich bin abenteuerlustig, ich bin 18, endlich volljährig. Mit 18 fühlt sich alles wie ein großes Abenteuer an. Ich will das Leben in vollen Zügen genießen. Ich freunde mich mit einem drei Jahre älteren Jugendlichen aus unserem Dorf an, der bereits Erfahrungen mit harten Drogen gemacht hat. Rolf, mein Nachbar, hat nur sein Haschisch im Kopf, ihn lasse ich zusehends links liegen und treffe mich immer öfters mit Matse. Allmählich finde ich dort mein zweites Zuhause. Er wohnt bei seiner Oma im Haus in der oberen Etage. Dort finden wir immer eine warme Wohnung, niemand stört uns. Zwar schimpft seine Oma gelegentlich, doch das ignorieren wir einfach.

Längere Zeit rauchen wir nur Haschisch, doch eines Tages liegt Heroin auf dem Tisch. Anfangs rauchen wir es wie Haschisch. Mir wird hundeelend davon, ich muss mich oft übergeben. Aber das Gefühl danach ist einfach enorm. In der ersten Zeit mit Heroin befällt mich nach der Einnahme ein tolles Gefühl, ich kann aber auch wieder die Finger davon lassen. Ich habe mich unter Kontrolle.

Nach der Einnahme von Heroin erlebe ich eine besondere Wärme, ein angenehm wärmendes, behütendes Gefühl, das ich in meiner Familie oft gesucht habe. Dieses Gefühl will ich immer wieder haben, es gibt mir etwas von dem, was ich vermisse. In der ersten Zeit mit Heroin plagen mich Gewissensbisse, dass ich es nehme. Mir ist klar, dass es sich um ein heißes Eisen handelt, doch ich habe ja alles unter Kontrolle. Das passt einfach. So ist die Situation, als ich meine Ausbildung beginne. Ich lebe in zwei Sphären, im normalen Leben und in der Drogenclique.

Ich bin ein leutseliger Mensch, aber ich erlebe mich nach dem Genuss von Haschisch als ein anderer Charakter. Ich baue Mauern um mich herum, schließe mich von der Öffentlichkeit aus, gehe nicht mehr raus, verstecke mich. Nach dem Abflauen des wärmenden Gefühls überfallen mich Depressionen. Beim Heroin meidet man die Öffentlichkeit nicht unbedingt. Ganz charakteristisch ist das Gefühl, die ganze Zeit über auf Watte zu laufen. Anfangs hat Heroin eine viel länger andauernde Wirkung als Haschisch.

Irgendwann lässt die Wirkung des gerauchten Heroins nach. Matse spritzt bereits, und ich bitte ihn eines Tages, mir die Droge ebenfalls zu spritzen. Er fixt mich an, setzt mir die erste Spritze. Da erlebe ich wieder ein ganz anderes Gefühl. Der Rauschzustand stellt sich viel schneller ein als beim Rauchen. Ich weiß noch so gut wie heute, dass einmal auch Frauen dabei waren. Ein Mädchen hat nach dem Spritzen wie ein Reiher gespuckt, woraufhin Matse meinte, sie werde dieses Zeug wohl nie mehr anrühren. Mir aber geht es nach dem Spritzen gut, ich spüre, Heroin passt zu mir, diesen Rausch will ich immer mal wieder haben. Das ist der endgültige Einstieg in den Abstieg.

Sich in einer kleinen Runde zu spritzen, das ist einfach genial. Man spürt gleich die Wirkung und muss nicht lange rauchen. Und die Wirkung hält, zumindest vorerst, zehn oder elf Stunden an. Anfangs packt mich die Angst, ich gehe aus der Wohnung raus mit dem Wissen, Mist gebaut zu haben. Dieses Wissen und das Gefühl, auf einem gefährlichen Weg zu sein, ist im Hinterkopf zwar da, wird mit der Zeit aber immer weniger.

Meine Augen haben nach dem Schuss von Heroin sehr kleine Pupillen. Beim Haschischrauchen sind sie extrem groß. Im Spiegel sehe ich hin und wieder eine schreckliche Gestalt. Ich gehe nicht unter Menschen, weil ich genau weiß, ich mache etwas Verbotenes. Deshalb lasse ich mich in der elterlichen Wohnung kaum noch blicken, ich wohne ja in der Einliegerwohnung, sage nur kurz Hallo und ziehe mich in mein Reich zurück.

Ich breche die Ausbildung ab

Vier bis fünf Monate nach der ersten Einnahme von Heroin ist er da, mein erster Entzug. Das spüre ich. Auf der Fahrt in die Firma überfällt mich ein Unwohlsein, Schweiß bricht mir aus, im Büro laufe ich hin und her, mir ist richtig schlecht. Dabei habe ich gar keine Drogen genommen. Ich konsumiere nicht regelmäßig, der Stoff ist schwierig zu beschaffen, in unserem Ort sowieso. An diesem Tag wird mir klar, hier läuft etwas schief. Matse hat mich ab und zu auf einen möglichen Entzug hingewiesen, nun ist er da.

Im Geschäft kann ich nicht bleiben, dazu geht es mir zu schlecht. Ich fahre heim und besuche Matse, der mir auf den Kopf zusagt, dass ich auf Entzug bin. Da hilft nur ein Schuss. Von einer Sekunde auf die andere fühle ich mich wieder wohl. Ich denke, das gibt es doch nicht. Gerade eben ging es mir so schlecht, dass ich die Welt hätte rauskotzen können. Und jetzt schmeckt alles wieder, auch die Zigaretten. Zu dem Zeitpunkt rauche ich Kette.

Einige Stunden später frage ich mich, jetzt schon wieder ziemlich klar, wie ich aus diesem Schlamassel herauskommen kann. Ich sitze tief in der

Tinte. Wie soll ich in der Firma erklären, dass ich wegen der Drogen die Ausbildung nicht fertigmachen kann. Das geht nicht. Ich kann nie mit offenen Karten spielen, nicht gegenüber dem Ausbilder, daheim schon gar nicht, dort habe ich eh nur geschwindelt bis zum Gehtnichtmehr. Ich stecke in einer Zwickmühle und weiß nicht, was ich tun soll. Die Ausbildung packe ich nicht, ich bin öfter krank und fehle in der Firma. Nach einiger Zeit ruft der Ausbilder daheim an, was denn los sei. In der Endphase weiß ich, dass das nicht mehr lange gut geht. Ich fehle in der Berufsschule, mache an diesen Tagen frei und besuche meinen Kumpel.

Die Leute im Betrieb merken, dass mit mir was nicht stimmt. Ich schnupfe auch dort Heroin. Zuletzt gehe ich nicht mehr hin. Und trotzdem hat mir der Arbeitgeber eine Tür offen gelassen und gemeint, wenn es mir besser gehe, solle ich wiederkommen. Der Ausbilder hat mir schon noch eine Chance gegeben. Aber das alles ist vergebens, ich breche die Ausbildung ab. Ich führe kein klärendes Gespräch mehr mit dem Ausbilder. Ich hänge einen Superjob an den Nagel. (Wenn ich die Ausbildung geschafft hätte, wäre mein Leben vielleicht in eine andere Richtung gegangen.)

Heroin – Heroin

Ich kümmere mich hauptsächlich darum, dass ich regelmäßig Heroin spritze, damit es mir gut geht, auch wenn die Wirkung nicht mehr so lange anhält wie zu Beginn. Der Entzug überfällt mich immer schneller. An diesem Punkt beginne ich mit den Beschaffungsfahrten, ich besitze als Einziger in der Clique einen Führerschein – und Opas Daimler, ein Garagenauto, gut gepflegt, nur wenige Kilometer auf dem Tacho.

Mir ist klar, dass ich vom normalen Leben abgedriftet bin, verspürte aber keine Energie mehr, etwas dagegen zu unternehmen. Mir ist einfach alles egal. Trotzdem empfinde ich die Zeit nicht nur als schlecht, es gibt auch lustige Episoden, beispielsweise die Beschaffungsfahrten nach Holland, um mit ein paar Kollegen Haschisch zu holen. Ich spüre, dass mich das Heroin blockiert hat. Es gibt zwei Cliquen, die einen wollen nur kiffen, die anderen sind auf das harte Zeug aus, die sind schon einen Schritt weiter. Immer öfter hause ich bei Matse.

Eines Tages unternehmen wir wieder eine Besorgungsfahrt, nicht mit meinem Auto, mit einem anderen. Nach der Rückkehr knallen wir uns richtig zu. Ich bin neunzehn, einer aus der Clique ist gerade sechzehn. Er klappt zusammen, bekommt Atemnot, wir wissen nicht, was wir tun sollen. Wir schleppen ihn unter die Dusche, aber Wasser hilft nicht. Zwar sind wir zugedröhnt, wissen aber, dass unser Freund ins Krankenhaus muss. Wegen der Oma wollen wir keinen Krankenwagen rufen, das hätte nur Theater mit der Nachbarschaft gegeben. Deshalb rufen wir einen Kumpel an, er fährt den Sechzehnjährigen um Mitternacht vors Krankenhaus, legt ihn vor die Notaufnahme, klingelt und macht sich schnell wieder aus dem Staub.

In dieser Nacht hat die Wirkung des Heroins schnell nachgelassen, wir wissen, ein Nachspiel folgt unweigerlich. Am nächsten Tag besucht uns die Kripo, die Polizei kennt uns schon. Sie durchsuchen das Haus und nehmen uns mit auf die Wache. Bald sind wir wieder auf freiem Fuß, die Verhandlung folgt später. In der Zeitung erscheint dazu ein großer Artikel, wir sind daraufhin im Dorf noch mehr verschrien als vorher. Hier habe ich keine Zukunft mehr, dennoch lasse ich alles einfach auf mich zu rollen. Mich erschüttert nichts mehr, gefühlsmäßig kalt lebe ich nur noch für die Droge. In diesem Stadium stehst du morgens mit dem Gedanken auf, wie kannst du heute an deinen „Stoff" kommen. Nur das allein zählt, mehr nicht.

Auch dieser Vorfall bringt mich nicht dazu, einen anderen Weg einzuschlagen, im Gegenteil, wir bauen immer noch mehr Mist so nach dem Motto „Jetzt erst recht". Ich habe selbst genügend Probleme, will die Geschichte verdrängen, sehe keinen Ausweg mehr. Mir sind nur die Drogen und ein paar „Freunde" geblieben. Beschaffungsfahrten und Drogenkonsum wiederholen sich regelmäßig. Meine Mutter versucht immer wieder, mich aus der Drogenszene rauszuholen. Irgendwann kommen die ersten Entgiftungen, die ich abbreche, weil ich den Ausstieg nicht will.

Junkies brauchen immer Geld. Am Anfang kostete ein Päckchen Heroin fünfzig Mark, für fünf Gramm muss ich vierhundert oder fünfhundert Mark auf den Tisch legen, das reicht dann länger. Das nötige Geld für die Drogen aufzubringen ist kein Problem. Man verfällt auf alle möglichen Tricks bis hin zum Scheckbetrug und schröpft die Eltern. Soviel Geld, wie man für die Drogen benötigt, kann man beim besten Willen nicht verdienen, zumal man in diesem Zustand dazu gar nicht mehr fähig ist.

Mein Freund Harry stirbt

1993 beschließen wir, nach Zürich zu einem Festival zu fahren, bei dem sich die ganzen Kiffer treffen. Da kann man drei Tage einfach gut drauf sein. Harry, mein bester Freund, ist von dieser Idee angetan, die anderen wollen nicht mit. Einen Fahrer finden wir schnell. Am Ziel angekommen, müssen wir erkennen, dass das Festival gar nicht stattfindet. Aber das ist uns dann egal, uns reicht es, wenn wir unseren „Stoff" haben.

Von meinen Beschaffungsfahrten kenne ich die Plätze, wo wir einkaufen können. In Zürich erlebe ich das erste Mal eine öffentliche Drogenszene, so etwas habe ich noch nie gesehen. In einem Park gegenüber dem Hauptbahnhof ziehen sich Tausende von Junkies die Drogen öffentlich rein und spritzen sich den „Stoff". Die Polizei ist machtlos. Hier wird ohne Ende öffentlich gedealt. Lange Zeit hat die Stadt diese Szene einfach geduldet. Hier holen wir uns ab und zu unser Heroin, immer mit der Hoffnung, an der Grenze nicht erwischt zu werden.

Zurück zu unserem Ausflug. Der Fahrer und ein Freund, der ihn begleitet, sind nur auf Haschisch aus, Harry und ich aber auf Heroin. Wir parken am Rand des Platzes, an dem das Festival hätte stattfinden sollen, mitten in Zürich. Wir sind abends schon recht knülle, geben uns aber nochmals „Stoff", obwohl das Zeug recht stark ist. Wir schlafen sofort ein.

Am nächsten Morgen weiß ich beim Aufwachen noch nicht, dass einer der schlimmsten Tage in meinem Leben auf mich wartet. Harry liegt hinten im Auto, ich will ihn wecken, merke aber plötzlich, dass er ganz kalt ist. Sofort ziehen wir ihn aus dem Auto, versuchen ihn zu beatmen. Ohne Erfolg. Unseren „Stoff" verstecken wir schnell unter einer Brücke. Ein Taxifahrer ruft den Krankenwagen. Auch der Notarzt kann Harry nicht mehr retten: Harry, mein bester Freund, ist tot. Ich schreie nur noch. Wir müssen mit auf die Wache und werden bald wieder entlassen. Die Polizisten dort sind abgehärtet und abgestumpft, sie haben jeden Tag Probleme mit Junkies.

An diesem Tag kann ich keinen klaren Gedanken mehr fassen. Daheim drehe ich erst mal durch. Später wird mir klar, dass wir zu Harrys Eltern gehen müssen. Sie wissen vom Tod, der Pfarrer hat die Todesnachricht bereits überbracht. Als wir so dort sitzen, weiß ich, dass ich jetzt endgültig aus meinem Dorf verschwinden muss, und zwar schnell. Hier darf ich mich nicht mehr sehen lassen. In unserer Gegend sterben zu jener Zeit mehrere Fixer. Bei der Beerdigung spüre ich ganz deutlich die schiefen Blicke: Alle wissen, ich war in Zürich mit dabei.

Die Zeit mit Lisa – ein Junkiepärchen

In dieser Zeit beginnt die Geschichte mit Lisa. Sie kommt mir wie gerufen, um in meinem Leben ein neues Kapitel aufzuschlagen – das meine ich jedenfalls. Ihr Mann sitzt wegen Drogendelikten im Gefängnis. Ich suche einen Halt und spüre, ich muss aus meiner Misere rauskommen. Lisa ist elf Jahre älter als ich, aber genauso drogensüchtig wie ich. Trotzdem fühle ich mich bei ihr wohl und hoffe, ein neues Leben beginnen zu können.

Mein Vater hat mir an seinem Arbeitsort einen Job besorgt, ich kann seine Wohnung nutzen, die er gemietet hat, um dort während der Woche zu wohnen. Nur in den letzten Jahren vor seinem Ruhestand fährt er jeden Tag heim.

Anfangs geht es mir mit der Arbeit recht gut, aber von der Droge komme ich nicht los. Fast mechanisch besuche ich die entsprechende Szene und besorge mir den nötigen „Stoff", was nicht ohne Folgen bleibt: Fehlzeiten im Geschäft, ich schlafe am Vespertisch ein. Die Kollegen wundern sich, was mit mir los ist. In der Folgezeit klemme ich mir die Hand zwischen Paletten ein und werde krankgeschrieben. Die Firma sehe ich nicht mehr von innen.

Lisa und ich, wir sind ein Junkiepärchen und „gut drauf". Sie hat einen sicheren und festen Job und eine Firmenwohnung, in die ziehe ich ein, nachdem ich das Apartment meines Vaters als Saustall verlassen habe. Mein Vater bekommt einen Schock, als er seine Wohnung sieht. Er setzt sich in einen Sessel, prompt kracht der unter ihm zusammen.

Wir leben von dem, was Lisa verdient und von einem Kredit, den ich kurz vorher aufgenommen habe. Meine alte Clique treffe ich höchst selten, doch Aussteigen ist für mich immer noch kein Thema. Bei Lisa fühle ich mich wohl, sie hat mehr Drogen- und Lebenserfahrung. Unser Lebensmittelpunkt ist die Droge, wir konsumieren sie regelmäßig. Lisa fixt nicht, sie raucht das Heroin. Irgendwie imponiert sie mir damit, für mich gibt es nichts anderes als die Spritze.

Als Nächstes folgt die Substitution mit Polamidon, wir leben wieder bei mir daheim in der Einliegerwohnung. Ich kann mich körperlich wieder aufbauen, fasse klare Gedanken, pausiere mit Heroin. Die Szene brauche ich jetzt nicht mehr. Allerdings macht Polamidon genau so high wie Heroin. Man geht nicht mehr zum Dealer, sondern zum Arzt, die Beschaffungskriminalität entfällt. Ich halte nicht viel davon, aber das Mittel ist damals recht neu und viele setzen große Hoffnung darauf. Ich bin trotz allem froh über die Substitution. Ich nehme an Gewicht zu, wir besuchen die Drogenberatungsstelle. Das ist ein Muss, sonst bekommt man das Medikament nicht. Die Eltern sind einigermaßen zufrieden und wir sind es auch.

Uns geht es zwar gut, aber die Arbeit und das geregelte Leben fehlen. Ich erlebe mit Polamidon nicht denselben Kick wie mit Heroin und bin enttäuscht. Dabei war für mich das der Hauptgrund, zu meinen Eltern zu ziehen und zum Arzt zu gehen. Ausrutscher und Rückfälle bleiben nicht aus. Zug um Zug nehme ich Drogen zum Polamidon hinzu, hauptsächlich Heroin, teilweise auch mit Kokain. Diese Zweigleisigkeit ist noch schlimmer als die Abhängigkeit von einer Droge. Eine Entgiftung in einer Klinik breche ich nach drei Tagen ab und fahre direkt zu Lisa, wir besorgen uns „Stoff", ich lebe wieder bei ihr.

Und trotzdem bleibe ich mit meinen Eltern in Kontakt. Einige Monate später überzeugt mich meine Mutter, in München einen Turboentzug zu machen. Man wird für mehrere Stunden in Narkose versetzt und mit Naltrexon behandelt. Die Krankenkasse ist großzügig, sie zahlt die Behandlung mit dem Hinweis, man wolle schauen, wie wirksam die Methode ist. Körperlich fühle ich mich danach in Ordnung, allerdings macht mich das Medikament sehr müde. Ich sage dem Arzt in der Münchner Klinik, dass ich keine Langzeittherapie mehr brauche. Ich wohne daheim und werde die ambulante Therapie bei der Drobs machen, meine Tablette schlucken und den Kontakt mit Lisa vermeiden.

Doch eines Tages steht Lisa wieder vor der Tür und das Spiel beginnt von Neuem. Einmal gehe ich mit Heroin im Blut zum Arzt und muss die Tablette unter seiner Aufsicht schlucken, weil ich sie bei einer früheren Sitzung ausgespuckt habe. Das Medikament löst innerhalb von Minuten einen extremen Entzug aus.

Dass mir meine Eltern jetzt den Koffer vor die Tür stellen, weil sie schlicht „die Schnauze von mir voll haben", kann ich verstehen. Den Rausschmiss haben sie angekündigt für den Fall, dass ich wieder rückfällig werde. Nun ist es also soweit. Lisa und ich ziehen zuerst wieder in eine größere Stadt und später in ein kleines Dorf im Umland. Ihre Arbeitsleistung lässt nach, es kommt zu Zwischenfällen. Der Betrieb bietet ihr einen Aufhebungsvertrag und 30.000 Mark an. Sie verlässt die Firma, wir schlagen das Geld gemeinsam auf den Kopf. Wir beginnen zu dealen und sichern uns zusätzlich mit Polamidon ab, indem wir dem Arzt Märchen erzählen. Der ganze Kühlschrank ist voll mit Pola. Wir genießen in der Szene einen guten Ruf und verkaufen nur beste Ware.

Umkehr im Knast

Bei der Rückkehr von einer Einkaufstour schnappt uns die Polizei im Treppenhaus mit dem „Stoff", wir liefern den Nachweis, dass wir handeln, gleich mit. Der Haftrichter schickt mich in die U-Haft, Lisa muss in ein anderes Gefängnis. In der U-Haft wird mir Polamidon verweigert mit dem Hinweis, ich könne auch ohne dieses Mittel leben. In der Zelle leben drei Mitgefangene, die mit Drogen zu tun hatten. Nun folgt eine Woche Entzug im Knast, eine harte Zeit, aber danach kann ich mich ganz allmählich wieder spüren. Ich esse wieder normal und schreibe meine ganze Last in Briefen nieder.

Raus komme ich nur über eine Therapie, und die will ich unbedingt machen. Ich packe aus, sage Namen. Anfang Februar fahre ich in die Therapie, in mein neues Leben, auf den „Hof". Mir bleibt gar nichts anders übrig. In der Einrichtung herrschen strenge Regeln. Ich bleibe, weil ich nur den Knast als Alternative habe. Und da ist mir die Therapie eindeutig lieber.

Einmal fällt einer auf, weil er Haschisch geraucht hatte. Ich erkläre, auch dabei gewesen zu sein. In einer großen Halle kommen alle zu einer

Art Verhandlung zusammen. Diese Runde beschließt, dass ich vier Wochen Projektarbeit leisten muss. Von morgens sechs bis abends zehn Uhr körperlich arbeiten, beispielsweise Baumwurzeln ausschlagen. Reden darf ich die ganze Zeit mit niemandem. Der einzig freie Tag ist der Sonntag. Wer das durchhält, schafft den Weg zurück ins normale Leben. Ich halte durch, nach neun Monaten halte ich die Bescheinigung, sauber zu sein, in Händen.

Meine eigene Familie – mein schönes Leben ohne Drogen

Zwei Monate nach der Projektarbeit lerne ich Johanna kennen, sie ist ebenfalls zur Therapie hier. Noch während unserer Zeit dort wird sie schwanger. Ich freue mich sehr auf unser Kind und sage ihr, dass wir das durchstehen. Gemeinsam ziehen wir in eine Wohngemeinschaft mitten in der Stadt. Es geht gut, trotz der Szene, die sich direkt in der Nachbarschaft des Hauses trifft. Ich finde eine Arbeitsstelle, bekomme meinen Führerschein zurück, lasse die Zähne sanieren. Die Signale stehen auf grün, jetzt kann eigentlich alles nur besser werden, ich bin wieder im Leben angekommen. Mit Johanna habe ich eine Frau, die ich liebe. Im April beginnt meine Arbeit, im Juni kommt unser Kleiner auf die Welt.

Auf keinen Fall will ich bis zur Rente Hilfsarbeiter bleiben, ich bilde mich kontinuierlich weiter. In der Firma übernehme ich die Aufgabe eines Schichtleiters. Alles läuft gut, zu gut. Irgendetwas hat dann doch wieder gefehlt. Siebeneinhalb Jahre bin ich schon clean, dann lockt mich was auf die Szene, ich besorge mir Heroin. So als eine Art Belohnung dafür, dass ich alles erreicht habe, was ich wollte. Ich schnupfe Heroin durch die Nase. Aber die Familie soll auf keinen Fall darunter leiden, das will ich jedenfalls. Johanna merkt nach und nach, dass mit mir was nicht stimmt, und erkennt dann schnell, dass ich wieder Heroin nehme.

Aber mein Wille zum Ausstieg ist stärker. Wir verbringen zwei Wochen Urlaub in Griechenland, ich hoffe, dabei von der Droge wegzukommen, vergebens. So bleibt nur der medikamentöse Weg. Damit ich dort, wo ich wohne, nicht erkannt werde, gehe ich in eine andere Stadt, um mich mit Subutex substituieren zu lassen. Dieses Mittel verschafft mir einen klaren Kopf, ich bin nicht benebelt, kann arbeiten und gut schlafen. Der Suchtdruck ist weg. Mit diesem wachen Gefühl können viele ehemals Abhängige nicht umgehen, sie bevorzugen das schläfrige Gefühl, das Methadon verschafft.

In der Folgezeit besuche ich drei Jahre lang die Abendschule, erwerbe mir den Titel eines Meisters. Ich bin auch Prüfer bei der Industrie- und Handelskammer. Über ein Inserat in der Zeitung finde ich meine neue Stelle, die meiner Qualifikation gerecht wird. Heute bin ich Ende dreißig und kann rückblickend sagen, dass ich in den letzten Jahren viel Glück hatte. Klar, ich habe auch was dafür getan, mein Wille war immer schon stark. Dank der Verjährung sind meine Strafen aus dem polizeilichen Führungszeugnis getilgt.

Ich habe einen Berg bestiegen. Es war nicht leicht. Es war mühselig und schwer. Ein äußerst langer Marsch. Der Weg führte über große und kleine Steine – bloß nicht abrutschen! Ein hartes Stück Arbeit ist der Aufstieg zum Gipfel, doch ich habe ihn erreicht. Ich spüre eine große Erleichterung, Stille und Freude. Ich habe es geschafft! Mit Gottes Hilfe, der mich führte und mir die Richtung zeigte. Ich danke ihm für alles.

Viele Ziele in meinem Leben habe ich erreicht – ich bin auf dem richtigen Weg und gehe mit Zuversicht und in Frieden weiter. Mit meiner Frau Johanna und meinem Sohn Jonas.

Was können Eltern tun, um ihre Kinder vor dem Weg in die Drogen zu bewahren? Aus meiner Erfahrung kann ich empfehlen, die Kinder stets im Auge zu behalten, sie ernst zu nehmen, mit ihnen im Gespräch zu bleiben, wissen, mit wem sie zusammen sind. Wenn man sie einfach machen lässt, kann es schnell zu spät sein. Nicht akzeptieren, dass Kinder herumhängen. Sie ermuntern, sich Ziele zu setzen, in Vereine zu gehen. Ruhig auch mal Nein sagen, wenn es nötig ist, und konsequent sein.

Ohne die Menschen, die stets zu mir gehalten und mich unterstützt haben, stünde ich heute sicherlich nicht da, wo ich jetzt bin. Diesen Dank in Worte zu fassen, ist schwierig. Johanna, meine Frau, aber auch meine Mutter und mein Vater, haben so viel für mich getan, dass ein von Herzen kommendes Dankeschön gar nicht ausreicht. Und dennoch sei es hier gesagt und geschrieben: Ich danke euch für all das Gute, das ihr für mich getan habt.

Nachwort zur 2. Auflage

Was hat sich seit der letzten Auflage verändert?
Worauf habe ich in dieser Zeit hingearbeitet, um weitere Ziele in meinem Leben Schritt für Schritt zu erreichen?

- Das Medikament Subitex brauche ich nicht mehr. Das Ausschleichen bzw. das Herunterdosieren war in zehn Tagen geschafft. Die Entzugserscheinungen sind wie bei einer leichten Grippe. Unangenehm, eine ständig laufende Nase usw.
- Dem Alkohol habe ich auch Ade gesagt. Da ich nicht missbräuchlich Alkohol getrunken habe, war es für mich nicht schwer auch damit aufzuhören.
- Durch die medizinischen Checks, weiss ich heute, wie gesund ich bin, Darüber bin ich sehr froh.

Frank Hansen

Hinweise und Tipps für betroffene Eltern

Woran erkennt man, dass ein Kind Drogen nimmt?

Oft ist es schwer, Stimmungsschwankungen in der Pubertät von Drogenproblemen zu unterscheiden. Wenn ein Kind den Eltern aber Geld klaut, die Schule schwänzt und schlechte Noten schreibt, sich außerdem ständig mit neuen Freunden trifft, könnte dies darauf hinweisen, dass Drogen im Spiel sind.

Wann sind Eltern co-abhängig?

Wer seinem drogensüchtigen Kind immer wieder Geld zusteckt, Fehler vertuscht, ihm immer wieder aus der Patsche hilft, unterstützt die Sucht (ungewollt). Besser ist es dann oft, Abstand zu nehmen. Um ein gutes Maß zwischen Distanz und konstruktiver Hilfe zu finden, kann man sich bei einer Suchtberatungsstelle oder einem Elternkreis Unterstützung holen.

Wie hilft man Süchtigen?

Besteht ein Vertrauensverhältnis, können Eltern mit ihrem Kind eine Drogenberatungsstelle aufsuchen, die z. B. über das Telefonbuch zu finden ist. Dort werden alle weiteren Schritte besprochen (Entgiftung, Therapie). Aber: Der Wunsch, wirklich mit den Drogen aufzuhören, muss von dem Süchtigen ausgehen. Eltern können nur den Weg zeigen.

Was tun, wenn eine Befürchtung zur Gewissheit wird?

In solch einer Situation verdient Ihr Kind ganz besondere Aufmerksamkeit, ein hohes Maß an persönlicher Zuwendung sowie klipp und klare Aufklärung. Damit können Sie Ihr Kind enorm stärken. Denn das beste Mittel gegen Drogenprobleme sind gegenseitiges Vertrauen und die Erfahrung, mit diesem Problem nicht allein zu sein. Verharmlosen Sie diese Situation nicht, aber dramatisieren Sie sie auch nicht unnötig. Erzählen Sie Ihrem Kind offen und ohne Umschweife von Ihren Ängsten und Sorgen, statt ihm mögliche Fehler vorzuhalten. Versuchen Sie nicht, Gespräche und die notwendige Vertrauensbasis zu erzwingen. Zeigen Sie Ihrem Kind vielmehr, dass Sie zu einer Begegnung bereit sind. Ihr Kind braucht jetzt einen starken Partner. Eltern, die ihren eigenen Ängsten vor Familienschande und sozialer Brandmarkung davonlaufen, helfen weder sich selbst noch ihrem Kind. Holen Sie sich Rückenstärkung bei Ihrem Arzt, bei Beratungsstellen oder bei einer Elternselbsthilfegruppe. Vor allem aber: Suchen Sie sich selbst professionelle Hilfe. Bleiben Sie mit der Drogensucht Ihres Kindes und mit Ihrer Angst davor auf gar keinen Fall allein. Um Sucht zu besiegen, braucht es mehr als guten Willen, denn wer süchtig ist, ist krank. Und diese Krankheit kann behandelt werden.

Eltern helfen Eltern

Mütter und Väter im Elternkreis entwickeln aus ihrer gemeinsamen Betroffenheit Solidarität, Verständnis und gegenseitige Hilfe. Durch die Gruppe entsteht ein geschützter Raum. Betroffene Eltern lernen voneinander und miteinander. Sie tauschen Erfahrungen aus, entlasten und ermutigen sich gegenseitig und eignen sich gemeinsam Fähigkeiten an, mit denen sie ihren Alltag besser bewältigen können.

Mütter und Väter im Elternkreis brauchen eine gemeinsame Vertrauensbasis. Vertrauen kann nur entstehen, wenn das Besprochene wirklich vertraulich behandelt wird. Deshalb verpflichten sich die Eltern einer Gruppe gegenseitig, nichts an Außenstehende weiterzugeben. Alle sind bestrebt, die persönliche Situation des einen Gruppenmitglieds zu verbessern. Sie profitieren von der Mitarbeit in einem Elternkreis dann,

- wenn sie nicht in ihrem Unglück und Elend festsitzen wollen,
- wenn sie sich mit Menschen austauschen möchten, die unter vergleichbaren Schwierigkeiten leiden,
- wenn sie etwas für sich tun wollen.

Damit in einem Elternkreis ein Gruppengefühl entstehen kann, treffen sich alle Mitglieder regelmäßig zu einem bestimmten Termin. Dadurch können sich die Einzelnen besser kennenlernen, Vertrauen und Verständnis aufbauen. Eine Gruppensitzung kann so belebend wirken, dass die Eltern neue Wege finden.

Sofern Sie sich für den Besuch in einem Elternkreis entscheiden, haben Sie zwei Möglichkeiten: Sie schließen sich einem bestehenden Elternkreis an oder Sie gründen einen neuen Elternkreis. Dafür bekommen Sie selbstverständlich Unterstützung von bestehenden Elternkreisen sowie von

- den Sucht- und Drogenberatungsstellen vor Ort,
- in einer Selbsthilfekontaktstelle in Ihrer Region,

bei dem Bundesverband der Elternkreise suchtgefährdeter und suchtkranker Söhne und Töchter e. V. (BVEK):

> Eltern-Selbsthilfe
> BVEK-Geschäftsstelle
> Postfach 20 14 23, 48095 Münster
> www.bvek.org

Meine Erkenntnisse aus der Elternkreisarbeit

- Sich mit Gleichgesinnten zu treffen und Erfahrungen zu teilen, zusammen zu lachen, hilft, mit der Vergangenheit und den Beziehungsproblemen besser zurechtzukommen.
- Das Bereichernde daran ist: Bin ich für jemand anderen da, ist es derjenige gleichzeitig auch für mich selbst.
- Genießen Sie jeden Tag, der gut beginnt. Denken Sie nicht über den Tag hinaus, malen Sie sich die Gefahr nicht ständig aus. Grübeln Sie nicht über das Warum und Wieso, bleiben Sie nicht in dieser Schleife.
- Das Zauberwort heißt: Loslassen. Raus aus der Beziehungsfalle. Lassen Sie los, begnügen Sie sich mit dem kleineren Übel.
- Sehen Sie ein, dass das Festhalten Sie oft daran hindert, das zu bekommen, was Sie sich wünschen.
- Wir selbst sollten wissen, wo wir ankommen wollen, nämlich bei einer gelassenen Zufriedenheit und innerer Harmonie.

- Achten Sie darauf, Sie selbst zu bleiben. Wenn Sie die Dinge anders sehen, stehen Sie auch zu Ihrer Meinung – das macht stark.
- Bauen Sie Zeiten der Entspannung in den Alltag ein: morgendliches oder abendliches Joggen, Kerzen anzünden, sich aufs Sofa setzen und in die Luft gucken, mit dem Hund Gassi gehen, einen Kitschfilm anschauen, Freunde bekochen, fahren Sie mal weg.
- Der Glaube bringt einen dazu, Pausen einzulegen und im Gebet Kraft und Hilfe zu bekommen. In schwierigen Lebenslagen verleiht er die Gewissheit, dass es eine Hand gibt, die einen hält.

Substitution – ein Weg aus der Sucht

Substitution ist ein Weg aus der Not, Substitution heißt Ersatz. Ziel jeder Ersatzbehandlung ist zunächst die gesundheitliche und soziale Wiederherstellung sowie die Stabilisierung von Abhängigen. Um das zu erreichen, muss das Medikament individuell vom Arzt dosiert werden. Nur auf die richtige Dosierung kann alles Weitere aufgebaut werden. Der Abhängige kann sein Leben wieder neu ordnen und im günstigsten Fall Schritt für Schritt den Weg aus der Sucht gehen.

Subutex

Seit Februar 2000 wird in Deutschland das Substitutionsmittel Subutex verwendet. Buprenorphin ist unter dem Handelsnamen Subutex als Sublingualtablette erhältlich, d. h., die Tablette muss unter die Zunge gelegt und dort in 5 bis 10 Minuten vollständig aufgelöst werden. Die Tablette sollte auf keinen Fall geschluckt werden, sonst wirkt sie nicht richtig.

In dem Substitutionshandbuch 2003 – Ein Leitfaden für betroffene Drogengebraucher, J. E. S Osnabrück – steht u. a.: Im Vergleich zu Methadon wirkt Subutex in hohen Dosisbereichen weniger stark. Daher ist es für Drogenkonsumenten, die bereits in Methadonsubstitution und nicht hoch dosiert sind, gut geeignet. Am besten funktioniert eine Substitutionsbehandlung, wenn man direkt von Heroin auf Subutex eingestellt wird. Subutex macht weniger abhängig und der Körper entwickelt weniger Toleranz als unter Methadon. Das bedeutet, dass unter Subutex wahrscheinlich auch bei längerer Substitutionstherapie kein Wirkungsverlust eintritt, der eine Erhöhung der Dosis erforderlich machen würde. Eventuell später geplante Abdosierungen funktionieren sicherlich viel einfacher als unter Methadon. Außerdem macht Subutex weniger abhängig. Dadurch ist ein Senken der Dosierung einfacher.

Naltrexon (Nemexin)

Naltrexon (Nemexin) ist ein oral lang wirksamer Opiat-Antagonist. Die Substanz wird benutzt, um bei abstinenzwilligen, kooperativen Patienten im ambulanten Rahmen einen Rückfall zu verhindern, da unter Naltrexon die Injektionen von Opiaten keine Wirkung zeigen.

Die Standarddosierung beträgt 50 mg (eine Tablette) täglich. Sie kann auf drei Gaben wöchentlich verteilt werden, jeweils zwei Tabletten montags, mittwochs und freitags. Drei bis fünf Tage nach der letzten Einnahme des Medikaments wirkt Heroin wieder. Nicht angewendet werden darf das Mittel bei akuter oder organischer Hepatitis, weil es in diesem Fall zu einer Leberwertverschlechterung kommt.

Rückfall – Krise oder Chance?

Wie gehen Eltern mit einem Rückfall um?, war das Thema eines Wochenendseminars. Beate, eine betroffene Mutter, schreibt:

Es war gar nicht so lange her, da hatte mir mein Sohn seine massiven Rückfälle gebeichtet. Dazu kommen meine eigenen Rückfälle in die Co-Abhängigkeit, mit denen ich immer wieder zu kämpfen habe. So kam das Seminar genau zur richtigen Zeit.

Unsere Referentin begann mit ihren Ausführungen zur Krise. Sie zeigte uns auf, dass z. B. Überforderung, Verlusterlebnisse wie Tod, Trennung etc. zu Krisen führen können. Die Angst bezeichnete sie als Bruder oder Schwester der Krise. Körperliche Beschwerden als Begleiterscheinung von Ängsten kenne jeder, dazu gehören die sprichwörtlich „kalten Füße", Schwindel, Herzrasen, Schwitzen und vieles mehr.

Uns wurde gezeigt, dass Angst nicht lähmt, sondern durchaus Positives bewirken kann. Sie warnt, bewegt uns zur Flucht und setzt ungeahnte Kräfte in uns frei. Im Zeitalter der Angst vor Arbeitslosigkeit, Naturkatastrophen etc. ist es wichtig, die Hoffnung nicht zu verlieren, denn sie hält die Balance. Der passende Spruch von unserer Referentin dazu: „Hoffnung ersäuft die Angst."

Was können wir tun, um Krisen zu meistern?

Das Wichtigste sind wir selbst! Wir haben gelernt, dass jeder seinen Teil dazu beitragen muss. Ich muss in erster Linie für mich sorgen, dass es mir gut geht. Wie oft definieren wir uns über die Befindlichkeit unserer drogenabhängigen Kinder und vernachlässigen uns selbst. Ich darf ich selbst sein, denken und äußern, was ich will. Zum Beispiel: Ich will meine Gefühle annehmen, auch wenn sie mich bedrücken; zu meinen Gedanken stehen, auch wenn andere anders denken als ich. Ich sollte Schritte wagen, trotz aller Schwierigkeiten tun, was ich kann, sein, was ich bin, damit dieser Tag durch mich reicher wird. Und wieder gibt uns die Referentin einen Spruch mit auf dem Weg: „Wer sich selbst vernachlässigt, bietet den besten Humus für die Sucht."

Das nächste Schwerpunktthema ist der Rückfall.

Was sind denn die Faktoren, die zum Rückfall führen? Auch hier wird wieder die Angst genannt. Der Statistik nach sind zudem die häufigsten Ursachen Niedergeschlagenheit, Reizstimmung, gekränkt sein, Gefühle der Sinnlosigkeit und Leere, Anspannung und Nervosität. Eher selten ist die zu starke Bindung an die Eltern, interessant sein durch Drogenabhängigkeit, Überlegenheitsgefühle, Sehnsucht nach der Droge.

Für die Eltern ist der Rückfall des Kindes zunächst niederschmetternd. Die Referentin bringt uns eine andere Sicht bei. Der Rückfall bietet Gelegenheit, sich mit sich selbst auseinanderzusetzen. Jeder Rückfall bietet die Chance, das, was an Verborgenem noch da ist, zu lösen und zu klären, damit ein Weg gefunden werden kann. Die Referentin macht uns klar, dass wir uns mit unserer eigenen Lebensgeschichte beschäftigen, die Hinderungsgründe suchen müssen. Sie sagt uns: „Wer seine Geschichte nicht kennt, ist verdammt dazu, sie zu wiederholen!"

Was tun wir, wenn der Rückfall passiert ist? Wie geht man damit um?

Unsere Referentin führt uns die verschiedenen Gesprächsformen vor Augen. Sie nannte sie K.o.- bzw. O.k.-Gespräche.

Beim sogenannten K.o.-Gespräch führt hauptsächlich der Gesprächspartner des Rückfälligen das Wort. Er ist bestimmend, formuliert Ziele, übernimmt Verantwortung. Der Abhängige fühlt sich unverstanden und hat keinen Raum für seine eigene Meinung. K.o.-Gespräche führen zum Kontaktabbruch des Rückfälligen. Das O.k.-Gespräch dagegen bringt Offenheit und Klärung. Widerstand und Machtkämpfe werden vermieden. Es geht nicht um meine Sorgen und Ängste, sondern um die des Rückfälligen. Nicht ich bin rückfällig geworden, sondern mein Gegenüber. Der Rückfällige entscheidet selbst über sein Handeln und seine Zukunft.

Wie schwer das ist, nicht während einer Unterhaltung wieder ins K.o.-Gespräch zu fallen, wird uns deutlich vor Augen geführt. Wir besprachen schädliche und nützliche Reaktionen. Die Ruhe zu bewahren, den Rückfälligen reden zu lassen und sachlich konstruktiv zu bleiben, ist nützlich. Schädlich wirkt sich aus, wenn wir in Hektik geraten, Schuld suchen und verteilen. Bevormunden und Beurteilung machen höchstens bockig und destruktiv.

Wichtig ist: Ich teile dem Kind mit, was ich tue. Ich entscheide, welche Hilfe ich ihm geben werde! Aber aufgepasst: Wenn ich meinem Kind alles abnehme, dann betätige ich mich als „Krisendieb". Es wird ihm die Chance genommen, diese Krise zu nutzen und aus seinem Rückfall zu lernen. Denn: Der Rückfall kann zum Vorfall werden! Durch gute Gespräche sind Wege möglich, die wir uns nicht vorstellen können.

Interview mit Brigitte Hansen

Gudrun Lahme: Frau Hansen, ich habe Ihr Buch mit Interesse gelesen. Sie berichten offen und sachlich von der Entwicklung Ihres Sohnes in die Sucht und auch wieder heraus. Aber nicht nur das, Sie schreiben auch von Ihrer eigenen Entwicklung, die Sie dabei durchlaufen haben. Ich habe nun noch einige Fragen, die mir als Leser gekommen sind.
Da ist der Abschnitt mit dem Internat. Frank ist Ihr Wunschkind und trotzdem geben Sie ihn „außer Haus" in ein Internat. Ist das nicht ein Widerspruch?

Brigitte Hansen: In den drei Jahren auf dem Gymnasium hatte es sich gezeigt, dass Frank seine Hausaufgaben nicht selbstständig erledigte. Das war ich von meinen Töchtern nicht so gewohnt. Außerdem fiel es mir schwer, mich durchzusetzen, dass sie gemacht wurden. So hoffte ich, im Internat würde die Hausaufgabenbetreuung besser klappen. Hinzu kam, dass Frank schon Kontakte zu der Clique hatte. Die waren alle älter als Frank. Er war sehr groß für sein Alter und dadurch fiel es nicht so auf, doch der Umgang gefiel mir nicht. Ich hatte schon das Gefühl, dass der Einfluss nicht gut sei. Diese Gegebenheiten wirkten mit auf unsere Entscheidung, ihn aus dem Dorf zu nehmen, aber wir haben das nicht offen mit ihm besprochen.

G. L.: Was bewirkte die Geschichte mit Ihrem Vater?

B. H.: Erst einmal war ich geschockt. Da gibt es jemand, zu dem soll ich auf einmal eine Beziehung aufbauen. Meine Mutter und auch meine Oma haben mir immerhin jahrelang vorgelogen, mein Vater sei im Krieg gefallen. Aber eigentlich hatte ich auch schon vor dem besagten Brief eine Ahnung, dass da etwas nicht stimmte, erst recht, als ich vor meiner Hochzeit beim Standesamt erfuhr, es gäbe einen Menschen mit dem Namen meines Vaters. Doch ich ging der Sache nicht nach. Ich wollte nicht. Irgendwie war ich im Laufe der Jahre so geprägt worden, dass ich nicht mehr fragte. Wenn es stimmte, dass mein Vater lebte, hätte ich meine Mutter ja zur Rede stellen müssen. Vielleicht wollte ich das gute Verhältnis zu ihr nicht belasten. Sie hatte so einen gewissen Männerhass, vielleicht aus Enttäuschung. Aber ich hatte eine herzensgute Mutter und somit eine sehr glückliche Kindheit, auch ohne Vater und trotz aller Entbehrungen.

G. L.: Wollte Ihre Mutter vielleicht den fehlenden Vater ersetzen?

B. H.: Ich denke ja. Sie hat sich besonders engagiert, genauso wie auch meine Oma. Ich bin viel bei ihr gewesen, denn meine Mutter musste ja arbeiten.

G. L.: Hat die Begebenheit denn nicht Ihr Verhältnis zur Mutter belastet?

B. H.: Nein, dieses Ereignis konnte auf Dauer unser Verhältnis nicht trüben. Ich war erst schon sehr enttäuscht, doch es kam zu einer langen Aussprache zwischen uns, in der meine Mutter mir alles erzählte. Zu der Zeit, als ich geboren wurde, war es doch noch sehr peinlich, unehelich zu sein. So etwas wurde im wahrsten Sinne des Wortes totgeschwiegen und da haben meine Mutter und Oma diese Version aufgestellt. Nach der Aussprache war alles wieder gut zwischen uns.

G. L.: Und welche Auswirkungen hatten die Begebenheiten auf Ihre Familie?

B. H.: Nun, mein Vater war inzwischen Witwer und wollte uns und seine Enkel kennenlernen. So kam er dann zu Besuch und wurde auch von meinen Kindern als Opa akzeptiert. Für mich blieb er aber fremd. Er hat dann den Enkeln und mir eine Summe Geld vererbt. Anscheinend wollte er damit etwas wiedergutmachen. Doch meine Mutter bekam nichts. Dass er sie die ganzen Jahre hat sitzen lassen, hat er wohl nicht als der Gutmachung würdig betrachtet. Das fand ich gemein. Irgendwie nutzte er sein Geld, um Macht zu zeigen. Ich habe meiner Mutter später von meinem Teil etwas abgegeben.

. . . .

G. L.: Sie schreiben, dass Sie, als Sie Haschischtütchen in Franks Zimmer fanden, Frank sachlich zur Rede stellten, sich bei der Drogenberatung erkundigten, sein Verhalten als typisch pubertär einstufen wollten und keine altmodische oder spießige Einstellung an den Tag legten, eigentlich alles so, wie eine gute Mutter nach heutigem Bild sein sollte: gelassen, weltoffen und freundlich. Trotz Ihres Einsatzes verläuft Franks Entwicklung anders als gewünscht. Das Rezept „Gute Mutter gleich gute, dankbare Kinder" hat versagt? Nach landläufiger Meinung hätte doch nichts schief gehen dürfen.

B. H.: Ich denke, man kann sich als Eltern noch so bemühen, man hat es nicht in der Hand. Erziehung kann mit in diese Entwicklung hinein wirken, es liegt aber nicht vordergründig daran. Wir diskutieren auch im Elternkreis in diesem Zusammenhang über das Thema Vererbung, fragen uns, ob in den Familien schon Süchtige vorkamen. Aber das führt letztlich auch zu keiner klaren Antwort. Ich habe Frank aber öfters gefragt: „Was meinst du aus heutiger Sicht? Sind wir als Eltern Schuld?" Er gab mir zur Antwort: „Nein, Mama, ich war neugierig, das war meine Art. Ich wollte das selbst ausprobieren." Er war ein Abenteuer und Risiko liebendes Kind.

G. L.: Sie schreiben, dass Ihr Mann nichts von dem Drogenproblem hören wollte.

B. H.: Ja, in der Sache bekam ich von Dieter keine Unterstützung.

G. L.: Sie sprechen davon, dass Sie verbogene, berußte Löffel und gebrauchte Spritzen fanden. Wie wirkte die Antwort Ihres Mannes auf Sie: „Was du immer alles siehst. Das Zeug gehört bestimmt einem seiner Freunde"?

Fr. H.: Er hat damit meine Wahrnehmung, mein Erleben angezweifelt. Somit war ich diejenige, die falsch lag. Er machte es sich einfach. Den Drogenmissbrauch seines Sohnes wollte er nicht wahrhaben, so brauchte er sich nicht mit Frank anzulegen. Er flüchtete sich am Wochenende in den Alkohol. Das Ganze verursachte eine Verschlechterung unserer Beziehung.

G. L.: Deshalb haben sie ihm die Pistole auf die Brust gesetzt und ihm mit Scheidung gedroht, falls er nicht in die Elternberatung mitkäme?

B. H.: Nun, ich hatte mittlerweile gemerkt, dass ich das alleine nicht schaffe. Das Leben machte keine Freude mehr. Mein Mann sollte helfen. Wenn wir dann fachliche Hilfe annähmen, so dachte ich, dann würde es klappen.

G. L.: Ihr Mann ist mit in die Drogenberatungsstelle gegangen. Was haben die Gespräche mit Herrn Mayer erreicht?

B. H.: Ich hatte die Probleme mit dem Sohn. Meine Gedanken drehten sich letztlich nur noch um diese Probleme. So beschwerte sich mein Mann: „Immer, wenn Frank anruft, springst du. Wenn ich nach Hause komme, geht es nur um das eine Thema." Er fühlte sich zu kurz gekommen. Ich begriff, dass ich mich mehr um ihn kümmern musste und er begriff, dass er Interesse zeigen musste für das, was sich bei uns zu Hause abspielte. Es klappte dadurch besser zwischen uns.

G. L.: Somit könnte man sagen: Im Grunde hat sich Ihre Ehe gebessert, nicht der Sohn! –
Kommen wir zum Thema Geld: Sie waren sicherlich finanziell nicht schlecht gestellt. Sie ermöglichten Frank ein Leben, ohne zu arbeiten. Wohnung, Kleidung, Essen und Trinken, alles wurde von Ihnen bereitgestellt. Was veranlasste Sie, ihm darüber hinaus auch noch Geld für Benzin und Reparaturen, für seine Schulden und für die Reise nach Tunesien zu geben?

B. H.: Nun, gab ich ihm Geld, war ich aus seiner Sicht eine gute Mutter, bekam einen Kuss, und ich freute mich, ihn glücklich zu sehen, wenn mich auch hinterher oft ein schlechtes Gewissen plagte und ich mich schuldig fühlte. Gab ich ihm keins, schimpfte er und schrie herum, dass es die Nachbarn hören konnten. Das war mir äußerst peinlich, die sollten das nicht mitkriegen. Überdies war Frank sehr abenteuerlustig, und wenn er verreiste, abgesehen von den „Besorgungsfahrten" nach Amsterdam oder in die Schweiz, dann war er immer ganz anders und nahm keine oder kaum Drogen. Durch das Reisen, so hoffte ich, würde er sich wieder fangen, sozusagen als Therapie. Da konnten wir ihn ruhig fahren lassen und mal entspannen.

G. L.: Also bezahlten Sie ihm den Urlaub auch deshalb, um sich selbst erholen zu können?

B. H.: Sie haben recht, so habe ich das noch nicht gesehen.

. . . .

G. L.: Was brachten Ihnen die Gebete?

B. H.: Sie beruhigten mich. Ich konnte meine Gedanken und Gefühle ausdrücken und so loswerden, ganz besonders in der Zeit, in der ich keinen Partner hatte, mit dem ich sprechen konnte. Ich hoffte ja, dass Gott mir half.

G. L.: Und wenn sich nichts tat?

B. H.: Dann dachte ich: „Warum tut sich denn nichts? Ich habe mich doch bemüht, alles richtig zu machen, oder war es doch nicht richtig? Bestraft er mich oder bin ich ihm unwichtig?"

G. L.: Haben Sie Antworten auf diese Fragen bekommen können?

B. H.: Eigentlich nicht, aber ich bekam eher etwas anderes. Im Grunde spürte ich etwas, das mir gut vertraut war: der Trost und die innere Gewissheit, dass meine Trübsal doch ein gutes Ende nehmen würde, dass doch ein Sinn in dem allen verborgen liegt. Ich denke, diesen Trost und diese Gewissheit kann Gott nur geben.

G. L.: Manche Freunde haben es nicht geschafft. Es sind etliche leider auch an Drogen gestorben. Was hat Frank zu den vielen Drogentoten unter seinen „Freunden" gesagt?

B. H.: Er wollte nicht daran denken. Das hat ihn nur noch mehr runterge-
zogen. Statt eine Lehre daraus zu ziehen, nahm er eher noch mehr Drogen, wahrscheinlich um zu vergessen.

G. L.: Was würden Sie den Angehörigen sagen?

B. H.: Diese Frage ist sehr schwer zu beantworten. Meinen Sohn hätte es
auch treffen können. Ein Junkie, noch dazu einer, der Drogen spritzt, ist
dem Tod immer sehr nah. Das weiß er selbst und das wissen auch die
Eltern. Natürlich ist so ein früher Todesfall sehr hart und schmerzvoll für
die Angehörigen. Anders herum betrachtet weiß man nie, wohin der
eigene Weg und der des Drogensüchtigen später noch führt. Zum Beispiel zu gesundheitlichen Problemen, sodass er nicht mehr fähig sein
wird, ein eigenständiges Leben zu führen. Oder zu kriminellen Handlun-
gen. Wahrscheinlich bleiben den Angehörigen durch den Tod eine Menge Kummer und Sorgen am Ende erspart. Vielleicht hat Gott den Eltern
und auch dem kranken Abhängigen nicht mehr zugemutet, dieses Elend
und Leid noch länger zu ertragen. Der Tod kann für einige die Erlösung
sein.

G. L.: Haben Sie einen Rat für die Betroffenen?

B. H.: Eine Mutter aus der Eltern-Selbsthilfe, die ihr Kind vor Jahren an
einer Überdosis verloren hatte, lernte auf eine ganz besondere Art ihre
Trauer zu überwinden. Sie schrieb ihm einen Brief mit der Anrede:
„Was ich Dir noch sagen wollte." Sie teilte ihm ihre große Trauer, ihre
Wut, ihre Erinnerungen und auch das, was sie ihm noch gewünscht hätte, darin mit. Mit dem Brief ging sie dann zum Grab und verbrannte ihn
dort. So konnte sie sich von ihm verabschieden.

G. L.: Das ist zugegeben sehr beeindruckend. - Ich wünsche, dass dieses
Buch vielen Eltern Mut macht, mit den Problemen, die süchtige Kinder
mit sich bringen, fertig zu werden. – Frau Hansen, ich danke für das
Gespräch.

Weitere Bücher aus den Blaukreuz-Verlagen Deutschland und der Schweiz

Dr. Andreas Knoll

Sucht – was ist das?

Eine allgemein-verständliche Einführung in das heutige wissenschaftliche Verständnis von Sucht, insbesondere der Alkoholabhängigkeit.

Paperback, 190 Seiten, zz. € 13,50 / sFr. 17,80
ISBN 978-3-941186-30-9

Betroffene können hier etwas über sich selbst erfahren, Mitbetroffene erhalten Zugang zu den rätselhaften Veränderungen nahe stehender Menschen.

Ehren- und hauptamtliche Begleiter von Suchtkranken erhalten Hilfen, komplizierte Zusammenhänge der Suchterkrankung besser zu verstehen und selbst verständlicher formulieren zu können.

Toby Rice Drews

Was tun, wenn der Partner trinkt

Ein Mutmachbuch.
Paperback, ca. 200 Seiten, zz. € 12,50 / sFr. 16,80
ISBN 978-3-941186-47-7

Trinken, missbräuchliches, evtl. auch süchtiges Trinken von Alkohol bedeutet nicht nur, dass jemand trinkt. Nein, sein ganzes Verhalten verändert sich. Mehr noch, es hat Auswirkungen auf die Angehörigen bzw. die ganze Familie.

Dieses Buch bietet viele Denkanstöße zu einer neuen Sichtweise, die schon ungezählte Male die Wende brachte. Denn was der Partner/ die Partnerin für die eigene Unabhängigkeit tut, hilft auch dem anderen.

Ein nach jedem Kapitel folgender Frageteil hilft den Lesern, Schritt für Schritt voran zu kommen.

Das große SUCH(T)SPIEL

156 Karten, zz. € 54,95 / sFr. 71,80
ISBN 978-3-941186-57-6

Das Sucht(T)Spiel für klare Köpfe ist ein Such- und
Wissenspiel. Mit Bildpaaren und 52 erklärenden
Impulskarten werden Bilder, Begriffe und Wissen aus
der Sucht- und Drogenhilfe entdeckt.

Das Spiel richtet sich an alle, die
Spaß am Spielen haben und sich
dem Thema Sucht nähern wollen.
Es kann u. a. als suchtpräventive
Arbeitshilfe mit vielfältigen Ein-
satzmöglichkeiten und Spielvari-
antionen verstanden werden.

Das Sucht(T)Spiel ermöglicht es, Begriffe und Phä-
nomene aus der Sucht- und Drogenhilfe zu erklären und die damit
verbundenen Phantasien und Vorurteile ins Gespräch zu bringen.
Zudem spricht es Angehörige und Betroffene an, die dabei sind, sich mit
ihrer persönlichen Geschichte auseinanderzusetzen.

Entwickelt wrude das Spiel von einem Team aus
Betroffenen und Fachkräften. So flossen praktische
Erfahrungen und wissenschaftliche Erkenntnisse
zusammen. Mitgewirkt haben: Joachim Loos, Prof.
Dr. Peter Olm, Ina Rath und Gerd Rüggeberg.

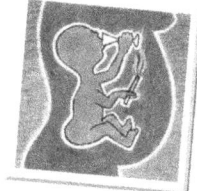

TASCHEN-INFOS

Die Ratgeberreihe zur Suchtproblematik
Jeweils 30 – 60 Seiten gut aufgemachte Infos zu wichtigen Themen.
Geheftet, jeweils zz. € 2,50 / sFr. 4,75

Angehörige von Suchtkranken

ISBN 978-3-941186-11-8

Phasen der Alkoholsucht

ISBN 978-3-941186-04-0

Ausserdem finden Sie unter anderem Infos zu folgenden Themen:

Burn-out

ISBN 978-3-941186-25-5

Sucht und Angst

ISBN 978-3-941186-12-5

Sucht und Depression

ISBN 978-3-941186-10-1

Elternschaft und Sucht

ISBN 978-3-941186-58-3

Weitere Literatur zur Suchtproblematik und Lebenshilfe:

www.blaukreuz-verlag.de
www.blaukreuzverlag.ch